Renée Holler
Tatort Geschichte · Gefahr auf der Santa Maria

TATORT
GESCHICHTE

Renée Holler

Gefahr auf der
Santa Maria

Illustrationen von Günther Jakobs

Loewe

*Der Umwelt zuliebe ist dieses Buch
auf chlorfrei gebleichtem Papier gedruckt.*

ISBN-10: 3-7855-5726-4
ISBN-13: 978-3-7855-5726-6
1. Auflage 2006
© 2006 Loewe Verlag GmbH, Bindlach
Umschlagillustration: Günther Jakobs
Umschlagfoto: akg-images / Windrose, 1584
Umschlaggestaltung: Andreas Henze
Printed in Germany (007)

www.loewe-verlag.de

Inhalt

Sträflinge in der Stadt 11
Ein Mörder auf freiem Fuß 20
Auf heißer Spur 29
Geheimauftrag 39
Heimlich im Kloster 49
Hinterhalt 58
Ermittlungen im Gefängnis 67
An Bord der Santa Maria 76
Eine lange Nacht 86
Auf nach Indien! 96

Lösungen *106*
Glossar *108*
Zeittafel *111*
Christoph Kolumbus *114*
Die Reisen des Kolumbus *118*

Sträflinge in der Stadt

"Wenn ich nur ein paar Jahre älter wäre", verkündete Juan seinem Freund Pedro, "würde ich bei Kolumbus anheuern." Tatendurstig betrachtete er die drei Segelschiffe, die im Hafen vor Anker lagen: die dickbäuchige Karacke Santa Maria und die beiden Karavellen Pinta und Niña. "Stell dir vor, was das für ein Abenteuer wäre, über den Ozean bis nach Indien zu segeln!"

Sein Freund Pedro nickte zustimmend, während er mit seinen Augen die kreischenden Möwen verfolgte, die die Masten der Schiffe umkreisten.

"Ich kann einfach nicht verstehen", fuhr der Zwölfjährige fort, "wieso der Admiral solche Schwierigkeiten hat, Matrosen anzuwerben. Ich wäre bei einer solchen Fahrt sofort dabei."

Ein leichter Wind, der nach Tang und Fischen roch, kam auf und vermischte sich mit dem scharfen Teergeruch im Hafen.

"Ich habe heute Früh versucht, beim Bootsmann der Santa Maria anzuheuern", gestand Pedro. Er setzte sich auf einen Holzsteg und ließ seine nackten Füße ins warme Wasser des Rio Tinto baumeln.

„Was?" Juan hockte sich neben seinen Freund. „Warum hast du mir das nicht gleich gesagt?"

Pedro grinste verlegen und fuhr sich durch die dunklen Locken. „Na, weil der Mann nur gelacht hat und meinte, ich solle wieder kommen, wenn ich nicht mehr grün hinter den Ohren sei."

Schon seit Wochen sprach man in Palos von nichts anderem als von Christoph Kolumbus, dem Seefahrer aus Genua, und seinen ungeheuerlichen Plänen, einen Seeweg nach Indien zu finden, indem er statt nach Osten nach Westen segelte. Bereits im April hatten Königin Isabella und König Ferdinand die Bewohner der kleinen Hafenstadt an der Mündung des Rio Tinto angewiesen, drei Schiffe für die Expedition auszurüsten. In dem gewöhnlich so stillen Hafen herrschte seitdem Hochbetrieb.

Von dem Holzsteg, auf dem die beiden Jungen saßen, bot sich ein einmaliger Blick über das geschäftige Treiben an Land und auf den Schiffen. Da wurden Segel geflickt und Planken gebohnert. Es wurde gehämmert, gebohrt und gesägt, morsches Holz ausgebessert, brüchige Taue wurden durch neue ersetzt. Die Flotte musste seetüchtig gemacht werden, denn auf der weiten Fahrt über den unbekannten Ozean würde sie den mächtigsten Stürmen trotzen müssen.

„Das ist unzumutbar!", übertönte eine durchdringende Stimme plötzlich das Hämmern und Klopfen. Sie gehörte einem großen Mann mit Adlernase, der gerade die Planken der Pinta inspizierte. „Da klaffen ja immer noch riesige Löcher. Das Schiff wird schon am Meeresgrund liegen, bevor wir überhaupt in See stechen. Und wo, Señor Pinzón", fügte er wütend hinzu, „sind überhaupt die Arbeiter?"

„Ich bin mir nicht sicher, Admiral", erwiderte der Mann, der mit Kolumbus die Schiffe begutachtete. „Doch sobald die Kalfaterer mit der Niña fertig sind, können sie auch die Pinta verpechen."

„Was ist denn passiert?", flüsterte Juan seinem Freund zu.

„Die Kalfaterer der Pinta sind seit gestern spurlos verschwunden", klärte ihn Pedro auf. Da er jeden Tag in der Weinschänke seines Vaters helfen musste, hörte er stets die neuesten Gerüchte. „Angeblich steckt Señor Quintero, der Besitzer der Pinta, persönlich dahinter. Er soll die Kalfaterer weggeschickt haben, weil er nicht möchte, dass sein Schiff mit Kolumbus segelt. Er will nicht riskieren, es zu verlieren."

„Da bleibt ihm wohl nichts anderes übrig", stellte Juan trocken fest. „Einen königlichen Befehl muss man befolgen."

Plötzliche Hektik am Landungssteg zog die Aufmerksamkeit der Jungen auf sich. Eine Barkasse hatte angelegt, und mehrere Soldaten trieben eine Gruppe von Männern aus dem Boot. Die Männer konnten nur unter großen Schwierigkeiten an Land klettern, da alle in schwere Eisenketten gelegt waren.

„Schneller", feuerte sie einer der Soldaten an, während er seine Peitsche auf den Rücken eines Gefangenen knallen ließ. „Wir haben nicht den ganzen Tag Zeit!"

„Mörder, Diebe und Gauner." Der alte Fischer, der dicht neben den Jungen sein Netz flickte, blickte ungehalten von der Arbeit auf. „Diese Galgenvögel kommen aus dem Gefängnis in Huelva", belehrte er Pedro und Juan. „Unsere Königin hat ein Dekret erlassen, weil niemand mit Kolumbus in See stechen will. Es heißt, dass Verbrecher, die bei diesem verrückten Seefahrer aus Genua anheuern, ihre Freiheit geschenkt bekommen. Ganz egal, was sie verbrochen haben." Kopfschüttelnd fuhr er fort, sein Netz zu flicken. „Doch wer will schon über den Ozean der Dunkelheit segeln? Für mich wäre da ein Kerker voller Ratten das kleinere Übel."

Mit klirrenden Ketten schlurften die Sträflinge im Gänsemarsch den Steg entlang, als einer der Männer, der einen struppigen Bart trug, plötzlich stehen blieb. Er beugte sich zu den Jungen hinab und starrte sie mit eisigem Blick an. „Was gafft ihr so?", fuhr er sie unfreundlich an. „Noch nie einen Sträfling gesehen?" Im nächsten Augenblick knallte die Peitsche, und dem Schurken blieb nichts anderes übrig, als seinen Mitgefangenen die Straße hinunter Richtung Kerker zu folgen.

Juan schauderte. Trotz der Hitze lief es ihm eiskalt den Rücken hinab. Das mürrische Gesicht mit der langen Narbe, die quer über die rechte Wange lief, kam ihm bekannt vor. Doch er konnte sich beim besten Willen nicht erinnern, woher.

„Du bist nach dem Unterricht schon wieder am Hafen gewesen, statt gleich nach Hause zu kommen." Señora de Alva, Juans Mutter, rümpfte die Nase, als sich die Familie zum gemeinsamen Abendessen im Speisezimmer einfand.

„Ich ...", begann Juan, doch seine Mutter unterbrach ihn.

„Du brauchst mich gar nicht anzulügen. Ich kann es riechen."

„Der Hafen ist kein Ort für den Sohn eines Kaufmanns", ergänzte der Vater streng. „Da treibt sich alles mögliche Gesindel herum." Er setzte sich an den Tisch.

„Aber ..."

„Kein Aber. Ich verbiete dir ein für alle Mal, allein zum Hafen zu gehen. Du würdest deine Zeit besser damit verbringen, lateinische Vokabeln zu lernen."

Elena, Juans jüngere Schwester, streckte ihrem Bruder hinter dem Rücken des Vaters die Zunge heraus. Doch Señor de Alva hatte überall Augen.

„Und du, mein Fräulein", wandte er sich an das Mädchen, „brauchst gar nicht schadenfroh zu sein."

Die Dienstmagd begann, das Essen aufzutragen, und nach einem kurzem Tischgebet löffelten alle schweigend die Gemüsesuppe, die mit viel Knoblauch und Kräutern gewürzt war.

„Wie kommst du mit der Ausstattung der Schiffe voran?", erkundigte sich Señora de Alva nach einer Weile.

„Es ist immer noch viel zu tun", seufzte ihr Mann. „Admiral Kolumbus hat sich in den Kopf gesetzt, dass er in einer Woche lossegeln will. Wie wir das schaffen sollen, weiß ich nicht. Der Mann ist verrückt. Wenn du mich fragst, ist dieses Projekt von Anfang an zum Scheitern verurteilt. Die reinste ..."

„Verzeihung." Der Hausdiener hatte den Raum betreten und verbeugte sich. „Señor de Alva, ein Brief für Euch." Er reichte Juans Vater ein versiegeltes Schreiben.

„Ein Brief? Um diese Zeit? Wer hat ihn geschickt?"

„Ich weiß es nicht, gnädiger Herr. Jemand klopfte an die Tür, und als ich öffnete, lag der Brief auf der Schwelle. Der Bote war nirgendwo zu sehen."

„Danke, José. Du kannst gehen." Der Vater brach das Siegel und faltete den Brief auseinander. Hastig überflog er das Schreiben.

„Alles in Ordnung?", fragte seine Frau, als sein Gesicht beim Lesen immer röter anlief

„Ja, ja", antwortete er abwesend, während er das Papier zerriss und die Schnipsel hinter sich in den offenen Kamin warf. Danach verließ er wortlos den Raum.

Señora de Alva blickte ihm besorgt nach. „Irgendetwas ist geschehen", murmelte sie. „Sonst wäre er nicht so hastig aufgebrochen. Er hat noch nicht mal fertig gegessen." Sie stand auf und folgte ihrem Ehemann.

„Was meinst du, was in dem Brief stand?", wunderte sich Juan und begann, sich eine Apfelsine zu schälen.

Doch Elena beachtete ihn nicht. Stattdessen kniete sie sich hinter den Stuhl ihres Vaters. „Wie gut, dass es warm ist und kein Feuer brennt", murmelte sie, während sie sich am Kamin zu schaffen machte.

„Was?" Juan steckte sich einen Schnitz der saftigen Frucht in den Mund. Erst dann verstand er. Seine Schwester hatte die Papierstückchen aus der Feuerstelle geangelt.

Juan trat hinter sie und blickte über ihre Schulter. „Dieses Stück passt an dieses", meinte er, während er auf die Schnipsel deutete.

? *Was steht in dem Brief?*

Ein Mörder auf freiem Fuß

„Der Ozean ist voller Gefahren", erklärte ein alter Mann, während er sein Glas mit einem Schluck leerte. „Da gibt es riesige Fische, die größer als ein Haus sind, und Ungeheuer, die Panzer auf dem Rücken tragen."

Zwar war es noch nicht Feierabend, doch eine Reihe von Hafenarbeitern, Matrosen und Fischern hatte sich trotzdem schon in der Weinschänke *La Bodega* eingefunden, um zu trinken, zu würfeln und zu plaudern. Juan, der dort nach Pedro Ausschau hielt, ließ seinen Blick über die Gäste schweifen. Er wollte seinem Freund unbedingt von dem geheimnisvollen Drohbrief berichten, den sein Vater am Abend zuvor erhalten hatte. Und obwohl Señor de Alva es ihm ausdrücklich verboten hatte, war er gleich nach Unterrichtsende vom Kloster zum Hafen geeilt. Doch Pedro war nirgendwo zu sehen.

„Wenn du immer weiter bis ans Ende des Ozeans segelst", fuhr der Alte fort, „kann es geschehen, dass dein Schiff über den Rand der Erde in einen tiefen Abgrund fällt. Dann sind Schiff und Mannschaft für immer verloren."

„Unsinn", fiel ihm ein junger Matrose ins Wort. „Jeder weiß doch längst, dass die Erde keine Scheibe ist, von der man hinunterfallen kann. Sie ist rund wie eine Apfelsine."

„Und was soll das nützen?" Einer der Würfelspieler vom Nachbartisch mischte sich in die Unterhaltung ein. „Auf der anderen Seite deiner Apfelsinenerde würden die Schiffe trotzdem in den Abgrund fallen." Er schüttelte den Würfelbecher heftig und ließ die Würfel auf den Tisch rollen.

„Selbst wenn es stimmt und die Erde tatsächlich rund ist", verkündete ein Mann, dessen wettergegerbtes Gesicht von unzähligen Linien durchzogen war, „würde ich niemals bei diesem verrückten Italiener anheuern. Der Mann ist ein Fantast und ein Träumer. Das Weltmeer ist viel zu groß, um es zu durchsegeln.

Es würde Jahre dauern, bis man in Indien ankommt. Und außerdem, wer segelt schon nach Westen, um nach Osten zu gelangen!"

„Genau meine Meinung", stimmte ihm der Würfelspieler zu. „Eine irrsinnige Theorie. Kolumbus hat ja nicht einmal Beweise, dass dieser Seeweg tatsächlich nach Indien führt."

„Hat er doch", verteidigte der junge Matrose den Admiral. „Da gibt es einen Mann namens Toscanelli, der hat eine Weltkarte gezeichnet."

„Toscanelli? Der ist auch Italiener. Die sind alle Spinner. Wie dieser Marco Polo, der angeblich in Cipango war und behauptet hat, dass dort die Dächer der Häuser aus purem Gold wären. Hirngespinste!"

„Königin Isabella denkt nicht, dass es sich um Hirngespinste handelt. Sonst hätte sie Kolumbus nie das Geld für diese Reise zur Verfügung gestellt." Der Matrose nahm einen Schluck Wein und strich sich mit dem Handrücken über den Mund. „Wartet nur, bis ich als reicher Mann von dieser Expedition zurückkehre." Dann blickte er in seinen leeren Becher und rief: „Catalina, mehr Wein!"

„Hola, Juan", erklang eine helle Frauenstimme direkt hinter dem Jungen. Es war Catalina, die nette Kellnerin. In der Hand hatte sie eine Karaffe.

„Guten Tag, Señorita Catalina", erwiderte Juan höflich. „Ist Pedro heute nicht in der Schänke?"

„Doch. Den habe ich gerade in den Keller geschickt, um ein neues Fass zu öffnen. Kann ich dir etwas bringen?", bot sie ihm freundlich an. „Einen Schluck Wasser, etwas Käse oder Oliven?"

„Nein danke. Ist es in Ordnung, wenn ich hier auf ihn warte?"

„Natürlich. Er kommt sowieso gleich wieder hoch." Und schon war die junge Frau unterwegs, um den Gästen Wein nachzuschenken.

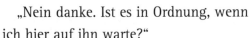

„Was machst du denn hier?", wunderte sich Pedro, der tatsächlich kurz darauf aus dem Keller auftauchte.

„Können wir uns hier irgendwo ungestört unterhalten?", fragte ihn Juan gleich. „Mein Vater ..." Doch er kam nicht dazu, seinen Satz zu beenden.

Ein korpulenter Mann in kurzem Samtumhang und mit einer roten Kappe, die schief auf seinem Kopf saß, war in den Schankraum getreten, gefolgt von einem Soldaten in Rüstung, der eine Hellebarde hielt.

„Ich, der Alguacil von Palos", rief der dicke Mann, „erbitte die Aufmerksamkeit aller Anwesenden." Doch die Gäste unterhielten sich weiter, ohne den Mann zur Kenntnis zu nehmen.

„Ruhe!", brüllte er dieses Mal lauter, während der Soldat geräuschvoll mit der Hellebarde auf den Boden klopfte. Endlich begann das Gemurmel der Schänkengäste zu verstummen. Nur das Rollen eines Würfels auf der Tischplatte war noch zu hören.

„Gestern Abend ist ein Sträfling aus dem Stadtgefängnis entlaufen", verkündete der Alguacil, nachdem Ruhe eingetreten war. „Der Mann ist äußerst gefährlich. Er hat in Huelva einen Mord begangen."

„Hier ist er nicht", rülpste ein Matrose, der bereits zu viel getrunken hatte.

Der Alguacil beachtete ihn nicht. „Wer irgendwelche Hinweise hat, wo sich der Gesuchte verstecken könnte, muss sie mir augenblicklich mitteilen. Es ist eine Belohnung ausgeschrieben."

Pedro warf Juan einen viel sagenden Blick zu. „Ob das der Mann mit der Narbe im Gesicht war?", wisperte er. „Der war wirklich zum Fürchten." Dann fragte er laut: „Wie sieht der Mann denn aus?"

„Er ist mittelgroß, etwa 30 Jahre alt und hat lange dunkle Haare und einen Bart, obwohl er den vielleicht inzwischen abrasiert hat."

„Na, von dieser Sorte Halunken gibt es viele hier", lachte ein Fischer, während er mit ausgebreiteten Armen auf die Männer im Raum wies.

„Hat er vielleicht eine Narbe?", fragte Juan aufgeregt.

Der Alguacil schüttelte den Kopf. „Nein. Allerdings fehlt ihm der Mittelfinger an der rechten Hand."

„Wie ist er denn entkommen? Sind die Sträflinge

nicht mit Ketten gefesselt?", wunderte sich Catalina und strich eine dunkle Locke aus ihrem Gesicht.

„Gewöhnlich schon, doch der Mann hat vorgetäuscht, krank zu sein. Da haben wir ihn aus dem Kerker getragen und die Fesseln entfernt. Im nächsten Augenblick hatte er den Wächter bewusstlos geschlagen und war spurlos verschwunden."

„Und Ihr sagt, dass eine Belohnung ausgeschrieben wurde?", fragte ein Mann, der bisher stumm in einer Ecke gesessen hatte. „Also, ich glaube, ich weiß, wen Ihr sucht." Er kratzte sich grinsend an der Schläfe. „Alonso, einer der Schreiner im Hafen, der hat nur vier Finger. Hat gedacht, sein Finger sei eine Planke und hat ihn versehentlich abgesägt. Bekomme ich jetzt die Belohnung?"

„Wie soll es denn Alonso sein?", unterbrach ihn der alte Mann, der zuvor von den Seeungeheuern gesprochen hatte. „Der hat Palos nie verlassen. Señor Diego dagegen, ein Sklavenhändler aus Cadiz, kam erst heute in Palos an. Ob ihm allerdings ein Finger fehlt, kann ich nicht sagen."

„Dem Schlachter Rodriguez fehlt ein Daumen", meldete sich der Mann mit dem zerfurchten Gesicht zu Wort.

„Habt ihr denn alle nur Stroh im Kopf", fuhr der

Alguacil die Männer an. „Ich habe doch gesagt, dass es einer der Sträflinge ist, die gestern hier angekommen sind." Er blickte sich im Raum um. „Dass dem Schlachter ein Daumen fehlt, interessiert mich nicht!"

„Wir versuchen ja nur zu helfen", mischte sich der Würfelspieler beschwichtigend ein. „Doch Ihr seht ja selbst, dass hier wirklich niemand Luis de Cabra gesehen hat. Versucht es doch mal in der Kneipe nebenan. Vielleicht ist der Sträfling dort jemandem über den Weg gelaufen." Er griff nach seinem Becher und nahm einen tiefen Schluck.

Der Alguacil blickte ernst von einem Gast zum anderen. „Sollte jemandem doch noch etwas einfallen", meinte er schließlich, „dann soll er sich unverzüglich bei mir melden." Danach drehte er sich um und verließ die Schänke. Der Soldat marschierte stumm hinterher.

„Schnell, wir müssen ihm nach", zischte Pedro seinem Freund zu.

„Warte doch." Juan hielt ihn am Ärmel zurück. „Ich muss dir erst von dem Drohbrief berichten."

„Dazu haben wir jetzt keine Zeit", meinte der Junge ernst. „Der Alguacil geht vor."

„Der Alguacil? Warum?" Juan verstand nicht.

„Hast du es denn nicht bemerkt?" Pedro blickte seinen Freund verwundert an. „Einer der Männer hier kennt den Mörder! Und ich weiß, welcher."

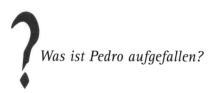

Was ist Pedro aufgefallen?

Auf heißer Spur

„Und wo soll der Mann bitte sein?", fragte der Alguacil ungehalten, als die Jungen ihn kurz darauf zurück in die Schänke geholt hatten.

„Vor einem Augenblick saß er noch am Tisch mit den anderen Würfelspielern."

„Und jetzt?" Der Mann blickte sich verärgert um.

„Er ist verschwunden", gab Pedro kleinlaut zu.

„Ich habe keine Zeit für diesen Unfug." Wütend schritt der Alguacil auf die Tür zu.

„Warten Sie", hielt ihn Catalina zurück, die ihre Unterhaltung mitbekommen hatte. „Die beiden haben Recht. Da war noch ein Mann. Allerdings hat er gleich nach Euch und den Jungen die Schänke verlassen."

„Wisst Ihr, wer es war?"

Die junge Frau schüttelte den Kopf. „Es war keiner unserer Stammkunden. Er war heute zum ersten Mal hier."

„Er hat sich als Sanchez vorgestellt", mischte sich einer der Gäste ein. „Das ist alles, was wir von ihm wissen."

„Außer dass er ein verdammt guter Würfelspieler ist", grinste ein anderer. „Hat ständig gewonnen."

Der Alguacil runzelte die Stirn. „Ich werde der Sache nachgehen", verkündete er. „Obwohl ich nicht glaube, dass dies zu etwas führen wird." Er warf den beiden Jungen einen missbilligenden Blick zu.

„Woher wusste der Mann dann, dass der Sträfling Luis de Cabra heißt?", wandte Pedro ein. „Ihr habt den Namen hier in der Schänke ganz bestimmt nicht erwähnt!"

„Vermutlich hat er ihn irgendwo im Hafenviertel aufgeschnappt. Solche Ereignisse sprechen sich schnell herum."

„Wichtigtuer", murmelte Catalina, nachdem der Alguacil die Schänke verlassen hatte, und machte sich hinterm Tresen zu schaffen.

Endlich hatte Juan Gelegenheit, seinem Freund von dem Drohbrief zu berichten. „Pedro", setzte er an, „können wir nach draußen gehen? Ich muss dir unbedingt erzählen, was bei mir zu Hause passiert ist."

„Eigentlich soll ich Catalina helfen." Der Junge blickte sich in der Schänke um. „Aber die schafft das sicher auch alleine." Dann folgte er Juan auf die Hafenstraße hinaus.

Auf dem Uferdamm war immer noch viel los. Die Schiffszimmerleute, die dort ihre provisorische Werkstatt errichtet hatten, waren gerade dabei, Sägen, Hobel und Hämmer aufzuräumen. Einer der Lehrjungen tanzte singend um sie herum, während er mit einem Besen die verstreuten Sägespäne aufkehrte. Es war kurz vor Feierabend und noch dazu morgen Sonntag, da durfte man guter Stimmung sein.

„Und?", fragte Pedro interessiert, nachdem sie sich auf eine Taurolle gehockt hatten.

„Gestern Abend ...", begann Juan, doch schon wieder wurde er unterbrochen.

Pedro deutete aufgeregt in Richtung Uferstraße. Der verdächtige Würfelspieler, der angeblich Sanchez hieß,

eilte dort im Schatten der Häuser entlang. „Ich möchte wetten, der kennt nicht nur den Namen des entlaufenen Sträflings, sondern weiß auch genau, wo sich dieser versteckt! Vermutlich ist er sogar gerade unterwegs zu ihm."

„Wir müssen den Alguacil holen", schlug Juan vor. „Der ist bestimmt noch irgendwo im Hafen."

„Bis wir den finden, ist der Mann längst über alle Berge", entgegnete sein Freund bestimmt. „Nein, wir müssen selbst hinterher."

Juan musterte die Sonne, die bereits tief am Himmel stand und den Rio Tinto in ein rotgoldenes Licht tauchte. „Aber ich muss rechtzeitig zum Abendessen zu Hause sein", protestierte er schwach. „Und es ist schon spät."

„Ach, komm schon. Sei kein Spielverderber. Denk mal nach: Falls uns dieser Sanchez tatsächlich zum Versteck des entlaufenen Sträflings führt, brauchen

wir anschließend nur den Alguacil dorthin zu schicken, um den Mörder zu verhaften. Und wir", Pedro grinste übers ganze Gesicht, „stecken die Belohnung ein."

Dem konnte selbst Juan nicht widerstehen. „Worauf warten wir noch?", meinte er und lief los.

Sanchez hatte inzwischen den Abschnitt der Uferstraße erreicht, wo mehrere Seitenstraßen rechts vom Hafen wegführten. Hier lagen Herbergen, Werkstätten und Lagerhäuser dicht nebeneinander. Ohne sich umzusehen, bog er in eine der Straßen ein und schritt zügig weiter. Die beiden Jungen schlichen in gebührendem Abstand hinterher. Dann, nach einer kurzen Strecke, zweigte er links ab. Mehrere Stufen führten zu einer schmalen Gasse hoch, die so eng war, dass man, wenn man die Arme ausstreckte, die Hauswände auf beiden Seiten berühren konnte. Es roch widerlich nach verfaultem Abfall, und die Jungen mussten sich ihre Nasen zuhalten. Eine dicke Ratte huschte quer über die Gasse und verschwand in einem Loch in der gegenüberliegenden Hauswand. Gleich daneben zankten sich mehrere Katzen laut fauchend um einen alten Fischkopf. Juan ließ sich nur einen Augenblick davon ablenken, und als er wieder aufsah, war Sanchez verschwunden.

„Er ist dort hinein", flüsterte Pedro. Er deutete auf eine Holztür, von der alle Farbe abgeblättert war.

Die Jungen musterten das halb verfallene Haus, aus dem statt einem Dach verkohlte Balken in den Himmel ragten. Gleich neben der Tür war ein Fenster. Wenn sie sich auf Zehenspitzen stellten, würden sie es gerade schaffen, über das Sims zu spähen. Zwar waren die Scheiben blind vor Schmutz, doch durch das zackige Loch in der Mitte konnte man in den Raum blicken.

Enttäuscht mussten sie allerdings feststellen, dass die Kammer leer war. Dann plötzlich waren gedämpfte Stimmen zu vernehmen, die sich langsam näherten. Im nächsten Augenblick betrat Sanchez die Kammer, gefolgt von einem großen, schlanken Mann, dem, wie Juan gleich bemerkte, der Mittelfinger der rechten Hand fehlte. Sanchez hatte sie tatsächlich zum Versteck des Sträflings geführt!

„Das war doch wohl zu erwarten", meinte Luis de Cabra, „dass man nach mir suchen würde. Solange du jedoch deine Zunge im Zaum hältst, wird mich hier in dieser Ruine niemand finden." Er rückte einen Schemel zurecht und hockte sich an den Tisch. „Hast du mir was zu essen mitgebracht?"

Sanchez zog wortlos einen Laib Brot und ein Stück Käse unter seinem Wams hervor.

Luis de Cabra brach gierig ein Stück Brot ab und stopfte es in den Mund. Dann deutete er auf den Tisch. „Wenn ich mit dem Essen fertig bin, können wir zum Geschäftlichen übergehen." Genussvoll biss er in den Käse und leckte sich die Lippen. „Die Tage, lieber

Sanchez, die wir in baufälligen Häusern bei Brot und Käse verbringen, sind gezählt. Bald werden wir wie die feinen Herren leben. Mit Weinkellern, Koch und Festgelagen."

„Darauf kannst du Gift nehmen", grinste der andere. „Was für ein Glück, dass du diesen Mann im Gefängnis kennen gelernt hast. Ohne den hätten wir keine dieser wertvollen Informationen." Dann verbeugte er sich grinsend vor dem Sträfling, während er einen imaginären Hut lüftete. „Haben Euer Gnaden den Brief bereits fertig gestellt?"

Luis schüttelte kauend den Kopf. „Ich habe gerade erst angefangen. Es ist nicht so einfach, die richtigen Worte zu finden."

„Wenn du so weit bist", meinte Sanchez, „werde ich das Schreiben sofort überbringen." Er griff nach einem Krug, der auf dem Tisch stand, und schenkte sich einen Becher ein.

In genau diesem Augenblick machte Juan eine Entdeckung. Er traute seinen Augen nicht.

Gleichzeitig begann Pedro neben ihm zu zappeln und mit seinen Händen wie wild hin und her zu wedeln. Eine riesige Hornisse umschwirrte seinen Kopf. Immer angriffslustiger raste sie auf ihn zu. In Panik holte er aus, um nach dem Insekt zu schlagen. Doch

er verfehlte es, stattdessen donnerte seine Hand laut klirrend auf den Fensterrahmen.

„Schnell weg von hier!", zischte er. „Bevor sie uns erwischen."

Die beiden Jungen rannten die Gasse entlang. Erst als sie den geschäftigen Hafen erreichten, wagten sie anzuhalten, um zu verschnaufen.

„Der Sträfling", keuchte Juan atemlos, „ist derselbe Mann, der meinem Vater den Drohbrief geschrieben hat."

„Welchen Drohbrief?", wunderte sich Pedro. „Ich weiß nicht, wovon du sprichst."

„Du lässt mich ja nie ausreden, sonst hätte ich dir längst alles erzählt", beschwerte sich Juan. Und dann berichtete er seinem Freund endlich von dem geheimnisvollen Brief.

„Das ist ja äußerst interessant", stellte Pedro fest. „Doch ich verstehe immer noch nicht, wieso du denkst, der entlaufene Sträfling und sein Komplize hätten etwas mit dem Brief an deinen Vater zu tun."

„Doch", erwiderte Juan, „da bin ich mir ganz sicher."

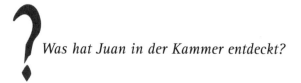

Was hat Juan in der Kammer entdeckt?

Geheimauftrag

„Es ist nicht zu fassen!", brüllte Señor de Alva, dessen Gesicht rot vor Zorn war. „Habe ich dir nicht ausdrücklich verboten, zum Hafen zu gehen? Doch du widersetzt dich nicht nur meinem Verbot, du gehst noch dazu auf Verbrecherjagd und führst obendrein den Alguacil an der Nase herum. Was habt ihr euch eigentlich dabei gedacht, ihn und seine Wachmänner zu dieser leer stehenden Ruine zu rufen? Der Mann hat Wichtigeres zu tun."

„Aber", begann Juan sich zu verteidigen, „die beiden Verbrecher waren tatsächlich in dem Haus. Vermutlich sind sie abgehauen, als sie die klirrende Scheibe hörten."

„Schweig!", rief der Vater. „Ich will nichts mehr davon hören. Als Strafe", fuhr er fort, „gehst du jetzt sofort ohne Abendessen ins Bett und wirst auch morgen den ganzen Tag in deinem Zimmer bleiben."

„Aber es ist Sonntag", wandte der Junge leise ein.

„Ruhe", fuhr ihn Señor de Alva nochmals an und schlug wütend die Tür hinter sich zu. Juan hörte, wie er von außen abschloss.

Wenig später lag Juan mit knurrendem Magen auf

seinem Bett, zu hungrig und aufgewühlt, um zu schlafen. Da bemerkte er im Treppenhaus leise Schritte. Gleich darauf drehte sich der Schlüssel im Schloss, die Klinke wurde nach unten gedrückt, und die Tür öffnete sich.

„Elena!" Erfreut begrüßte er seine jüngere Schwester, die mit einem Tablett im Türrahmen stand.

„Der Eintopf ist zwar nicht mehr warm", flüsterte sie, während sie einen Teller, etwas Brot und einen Becher Milch vorsichtig auf Juans Nachttisch abstellte, „doch kalte Kichererbsen sind besser als gar nichts."

„Schwesterherz, du bist einmalig", lobte sie der Junge und stürzte sich auf das verspätete Mahl.

„Vater hat wieder einen Brief bekommen." Elena setzte sich neben ihren Bruder aufs Bett.

„Da haben sie sich aber beeilt", murmelte Juan, während er den Eintopf löffelte.

„Wer hat sich beeilt?"

„Ich weiß, wer die Drohbriefe schreibt", erklärte der Junge ernst. „Sie stammen von dem entlaufenen Sträfling!"

Elena starrte ihren Bruder mit großen Augen an. „Hast du das Vater gesagt?"

Er schüttelte den Kopf. „Ich habe mich nicht getraut."

„Und dem Alguacil?"

„Natürlich nicht. Wir wissen doch nicht, was Vater getan hat. Was, wenn er gegen das Gesetz verstoßen hat? Da können wir ihm doch nicht den Alguacil auf den Hals hetzen. Wir wollen doch nicht, dass er im Gefängnis landet."

„Vater? Jetzt spinnst du." Elena schüttelte ungläubig den Kopf.

„Und wieso drohen die Verbrecher ihm dann, dass sie nur schweigen, wenn er zahlt? Das bedeutet doch, dass er etwas zu verbergen hat."

„Du hast ja Recht", gab Elena zu. „Wir sollten herausfinden, was in dem zweiten Brief steht. Vielleicht können wir Vater dann aus der Patsche helfen."

„Hast du ihn denn nicht gelesen?"

Das Mädchen schüttelte den Kopf. „Nein. Dieses Mal war es nicht so einfach wie beim ersten Brief. Vater hat ihn in der Truhe abgelegt, in der er seine wichtigen Dokumente aufbewahrt. Danach hat er sie abgeschlossen." Sie seufzte. „Und an den Schlüssel kommen wir nie ran. Du weißt ja, dass Vater ihn stets mit sich herumträgt."

„Es gäbe da schon eine Möglichkeit", überlegte Juan. „Wir müssten uns nur den Zweitschlüssel besorgen."

„Welchen Zweitschlüssel?"

„Den im Kloster. Ich war dabei, als Vater einmal Kopien aller seiner Schlüssel dorthin gebracht hat, damit Pater Marco sie für ihn aufbewahrt."

Elena blickte ihn verwundert an.

„Als Absicherung", fügte der Junge erklärend hinzu. „Falls er einen verliert."

„Ach so. Aber das bringt uns auch nicht weiter", meinte das Mädchen resigniert.

„Doch", entgegnete Juan triumphierend. „Ich kann den Schlüssel holen, wenn ich morgen zum Unterricht ins Kloster gehe!"

„Morgen ist Sonntag. Da ist kein Unterricht – und du wirst sowieso den ganzen Tag in deinem Zimmer verbringen. Hast du schon vergessen, dass du unter Hausarrest stehst?" Sie dachte angestrengt nach. „Ich könnte ins Kloster gehen."

Juan schüttelte den Kopf. „Auf keinen Fall. Das wäre zu riskant. Außerdem bin ich mir nicht sicher, ob die Mönche Mädchen überhaupt einlassen. Nein, Pedro kann das für uns erledigen."

„Und wie willst du ihm Bescheid geben?"

„Das ist einfach. Du überbringst ihm morgen Früh in der Kirche eine Nachricht. Richte ihm aus, dass er mittags während der Siesta, hier vorbeikommen soll."

Die Straßen von Palos lagen wie ausgestorben in der grellen Mittagshitze, als Pedro am nächsten Tag vor dem Haus der de Alvas eintraf. Jedermann hatte sich zur Siesta in die kühlen Schlafzimmer zurückgezogen. Allerdings war Pedro nicht der Einzige, der keinen Mittagsschlaf hielt, auch Juan wartete bereits ungeduldig hinter halb geschlossenen Fensterläden. Sobald er seinen Freund unten auf der Straße pfeifen hörte, kam er auf den Balkon hinaus.

„Hola", begrüßte er ihn. „Danke, dass du gekommen bist."

„Keine Ursache", grinste Pedro. „Immer zu deinen Diensten. Doch Spaß beiseite, deine Schwester hat mich bereits kurz eingeweiht, worum es geht. Sie sagt, ich soll im Kloster einbrechen, um einen Schlüssel zu stehlen, damit ihr an die Truhe eures Vaters rankommt."

„Psst, leise", flüsterte Juan. „Jemand könnte uns hören. Elena hat mal wieder übertrieben, du sollst den Schlüssel nicht stehlen", berichtigte er Pedro. „Wir leihen ihn nur aus. Und du sollst auch nicht einbrechen, sondern gehst wie jeder andere Besucher durch die Pforte."

„Wieso sollte mich der Pförtner so einfach einlassen?"

„Weil du ihm sagst, dass du eine Nachricht von Señor Pinzón für Admiral Kolumbus hast, die du ihm persönlich überbringen sollst. Das ist der Trick. Da um diese Tageszeit alle anderen Mönche in der Kapelle zum Mittagsgebet versammelt sind, wird niemand da sein, um dich hinzuführen. Der Pförtner darf ja nicht von der Pforte weg und wird dich sicher allein ins Kloster lassen. Das ist für dich die Gelegenheit, ungestört nach dem Schlüssel zu suchen."

„Und wer sagt dir, dass sich Kolumbus tatsächlich im Kloster aufhält?"

„Weil er dort schon seit Monaten wohnt."

„Das weiß ich auch, doch wer garantiert uns, dass er nicht gerade am Hafen ist? Wäre das der Fall, würde mich der Pförtner bestimmt nicht einlassen!"

„Heute ist Sonntag. Da ist der Admiral nicht am Hafen. Da ruht er sich aus."

„Hm. Na gut. Und wo soll dieser Schlüssel sein?"

„Er wird in der Zelle von Pater Marco aufbewahrt. Dorthin gelangst du, wenn du von der Pforte immer geradeaus weitergehst, durch die Eingangshalle hindurch, wo links eine Tür in den Saal führt, in dem Kolumbus derzeit oft stundenlang mit Pater Juan Perez und den Gebrüdern Pinzón seine Reisepläne bespricht. Mach dir jedoch keine Sorgen: Um diese Tageszeit ist der Saal leer. Lass ihn einfach links liegen, und gehe so lange geradeaus weiter, bis du durch einen Torbogen in einen Innenhof gelangst."

„Das kann ich mir nie merken", stöhnte Pedro.

„Macht nichts", beruhigte ihn sein Freund. „Ich habe eine Skizze für dich angefertigt. Da siehst du genau, wo es langgeht. Also, im Innenhof angekommen, gehst du zu dem Durchgang auf der gegenüberliegenden

Seite, der dich zum Kreuzgang bringt." Er hielt einen Augenblick inne. „Sei vorsichtig", warnte er. „Die Kapelle hat Ausgänge zum Hof und zum Kreuzgang hin. Die Mönche könnten dich sehen. Allerdings bieten die Säulen einen guten Sichtschutz. Wenn du im Kreuzgang rechts herumläufst, kommst du am Speisesaal vorbei. Das ist die dritte Tür auf der rechten Seite. Danach kommt links ums Eck eine Reihe von Zellen. Die von Pater Marco ist die dritte von rechts, dem Kapelleneingang genau gegenüber."

„Hast du sie auf dem Plan markiert?"

„Ich bin gerade dabei. Ich muss mir nur schnell eine Feder holen." Juan wollte gerade zurück ins Zimmer gehen, als er plötzlich lauschend innehielt.

„So ein Mist! Jemand kommt. Ich kann schon den Schlüssel im Schloss hören." Hastig warf er die Zeichnung auf die Straße hinab und verschwand durch die Balkontür. Kurz darauf erklang von drinnen deutlich Señor de Alvas Stimme.

Pedro griff schnell nach dem Blatt und rannte um die nächste Ecke. Erst als er außer Sichtweite war, blieb er stehen, um Juans Plan genauer zu betrachten.

„Oje", seufzte er. „Jetzt hat er keine Zeit mehr gehabt, die Zelle zu markieren." Angestrengt versuchte er, sich an Juans Beschreibung zu erinnern.

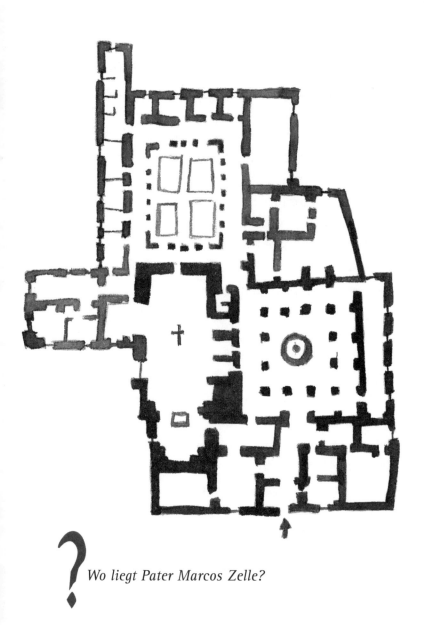

Wo liegt Pater Marcos Zelle?

Heimlich im Kloster

Das Kloster Santa Maria de la Rabida lag ein Stück südwestlich von Palos. Zwar waren es nur knapp zwei Meilen, doch in der Mittagshitze würde es auf der Landstraße unerträglich sein. Bevor er die Gassen der Stadt hinter sich ließ, hielt Pedro deswegen an einem der Brunnen an, um sich zu erfrischen. Er trank ausgiebig und spritzte sich das kühle Wasser ins Gesicht. Da hörte er hinter sich plötzlich eilige Schritte. Hatte Señor de Alva etwa herausgefunden, dass er seinen Truhenschlüssel aus dem Kloster holen wollte? Pedro drehte sich um.

Doch es war nicht Señor de Alva, der sich näherte, sondern Elena.

„Gut, dass ich dich noch erwische", keuchte sie atemlos.

„Was ist los?", wunderte sich der Junge, während er Wassertropfen aus Gesicht und Haaren schüttelte.

„Juan wollte dir noch sagen, dass Pater Marco auch die Schlüssel von anderen Leuten aufbewahrt. Die Schlüssel sind alle gekennzeichnet, allerdings nicht mit den Namen der Besitzer, sondern mit Nummern."

„Und wie lautet die Nummer des Truhenschlüssels?"

„Keine Ahnung. Das hat Juan auch nicht gewusst. Allerdings hat er kürzlich ein Gespräch zwischen dem Pater und unserem Vater belauscht. Es soll ein Buch geben, in dem alle Schlüsselnummern aufgelistet sind. Juan vermutet, dass es sich in der Zelle befindet."

„Keine Sorge", versicherte Pedro. „Ich werde das schon schaffen. Bis später." Er trocknete sich die nassen Hände an der Hose ab und schlug den Weg Richtung Kloster ein.

Doch Elena machte keine Anstalten umzukehren. Stattdessen hüpfte sie neben dem Jungen her.

„Ich komme mit", erklärte sie.

„Das darfst du bestimmt nicht."

„Natürlich nicht. Doch solange niemand davon weiß, ist es egal. Im Augenblick denkt Vater, dass ich ein Nickerchen mache. Und bevor mich jemand vermisst, sind wir längst wieder zurück. Außerdem", fügte sie hinzu, „wirst du mich brauchen, um den richtigen Schlüssel zu finden."

Pedro musterte das Mädchen, das einen halben Kopf kleiner war als er, spöttisch. Dann zuckte er die Achseln. „Wenn du unbedingt willst", gab er schließlich nach, „aber wir müssen uns beeilen." Er schritt zügig weiter, Elena lief hinterher.

Bald hatten sie den Stadtrand erreicht, wo eine staubige Straße über die Hügel oberhalb des Flusses zum Kloster führte. Anfangs ging es quer durch Olivenhaine, doch die Landschaft wurde immer karger. Bald standen nur noch vereinzelte Pinien, unter denen Schafe und Ziegen an ausgetrockneten Sträuchern knabberten. Es roch würzig nach Rosmarin und Thymian.

„Wir werden verfolgt", stellte Elena nach einer Weile fest.

Pedro drehte sich um. „Du hast wohl einen Sonnenstich", meinte er, denn außer den weidenden Tieren war weit und breit nichts zu sehen.

„Doch", beharrte das Mädchen. „Da sind zwei Männer. Sie verfolgen uns schon, seit wir aus der Stadt sind. Erst habe ich mir nichts dabei gedacht, doch inzwischen finde ich es äußerst verdächtig. Sobald ich mich nach ihnen umschaue, verbergen sie sich hinter Gestrüpp oder Baumstämmen."

„Vermutlich handelt es sich nur um Schäfer", schlug Pedro vor.

„Nein." Elena war sich sicher. „Das sind bestimmt keine Schäfer. Denen wäre es doch egal, wenn wir sie sehen."

„Du hast zu viel Fantasie", meinte der Junge. „Wieso sollte uns denn jemand verfolgen? Ich weiß zwar, dass es auf Spaniens Straßen Räuber gibt, doch die suchen sich normalerweise reiche Opfer. Keine Kinder."

„Vielleicht hast du Recht", gab Elena zu. „Womöglich hat mir die Sonne einen Streich gespielt." Sie liefen weiter, und die beiden geheimnisvollen Männer waren bald vergessen.

Auf der einen Seite konnte man nun unten das grüne Marschland sehen, wo der Rio Tinto Richtung Meer floss, auf der anderen in der Ferne die Küste, wo der weite Ozean wie ein riesiger Spiegel glitzerte. Nur noch ein kurzes Stück den Weg hinauf, und sie standen vor der Klosterpforte. Pedro klopfte an.

Schlurfende Schritte näherten sich. Ein Riegel wurde auf die Seite geschoben, die Tür geöffnet.

„Gott grüße euch." Ein vom Alter gebückter Mönch lächelte sie freundlich an. „Kann ich euch helfen?"

Mit klopfendem Herzen begann Pedro zu erklären, dass er eine wichtige Nachricht für Kolumbus hätte, die er unbedingt persönlich überbringen müsse. Doch der Junge sorgte sich umsonst, denn der Mönch bezweifelte den Vorwand keinen Augenblick. Ohne weitere Fragen ließ er die Kinder eintreten. Auch gegen Elena hatte er nichts einzuwenden, was möglicherweise damit zusammenhing, dass der Alte sehr kurzsichtig war.

„Der Admiral ist in der Bibliothek", teilte er den Kindern mit. „Dummerweise ist gerade niemand da, um euch dorthin zu führen, doch ihr findet den Weg sicher auch alleine." Dann begann der Mönch ausführlich zu erklären, wie man zur Klosterbibliothek kam. Pedro nickte, ohne zuzuhören. Er wusste, wo Pater Marcos Zelle lag, wo die Bibliothek war, interessierte ihn nicht.

Wenig später traten die beiden Kinder durch einen Torbogen hinaus auf den Innenhof des Klosters. Obwohl auch hier die Sonne auf die Bodenfliesen brannte, war es unter den schattigen Arkaden angenehm kühl. Aus einer Tür zu ihrer Linken drang der Gesang der Mönche. Pedro und Elena eilten im Schutz der Säulen weiter. Da erklang dicht hinter ihnen eine helle Stimme.

„Kann ich euch helfen?" Ein Junge, kaum älter als Pedro, blickte sie neugierig an.

Pedro fehlten die Worte. Damit hatte er nicht gerechnet.

Elena dagegen reagierte blitzschnell. „Mein Vater, Señor de Alva, schickt uns", log sie. „Wir haben eine Nachricht für Pater Marco."

„Der Pater ist in der Messe", sagte der Junge.

„Ich weiß", antwortete Elena. „Der Pförtner hat gesagt, wir sollen in seiner Zelle warten."

„Da müsst ihr durch den Kreuzgang", erklärte der Junge. „Pater Marcos Zelle liegt auf der anderen Seite."

„Diego", kam eine tiefe Stimme aus dem Raum.

„Ich würde euch ja gerne zu der Zelle führen", murmelte er entschuldigend, „doch ich muss leider zurück in die Bibliothek. Mein Vater ruft mich." Er nickte ihnen zu und schlüpfte durch die Tür, durch die er einen Augenblick zuvor aufgetaucht war.

„Das war Diego, der Sohn von Kolumbus", flüsterte Elena ehrfürchtig.

„Ich weiß. Doch komm, wir müssen uns beeilen, bevor es zu spät ist und die Mönche aus der Kapelle zurückkommen."

Kurz darauf standen sie vor Pater Marcos Zelle, dessen Tür nur angelehnt war. Vorsichtig schlichen sie in den Raum. Dort standen lediglich eine Pritsche und ein Betschemel. An der Wand hing ein schlichtes Holzkreuz. Die Schlüssel hatten sie gleich gefunden. Sie hingen an nummerierten Haken, ordentlich nebeneinander, in einer Nische.

„Und wo ist die Liste?" Pedro sah sich suchend um.

Elena kniete sich auf den Boden, um unter der

Pritsche nachzusehen. Tatsächlich zog sie kurz darauf ein winziges Buch hervor. Sie begann, darin zu blättern, während sie gleichzeitig mit ihrem Zeigefinger die Zeilen entlangfuhr. Dann hielt sie inne.

„Hier ist sie", flüsterte sie, „die Nummer von Vaters Truhenschlüssel." Sie hielt das Buch hoch und deutete auf ein Kästchen, in dem mehrere Ziffern standen.

„Ich verstehe nicht." Pedro betrachtete die Eintragung stirnrunzelnd. „6, 1, 8 ... Hast du eine Ahnung, welche dieser Zahlen die Richtige ist?"

„Ja, es ist die fehlende Zahl in der Mitte."

„Die fehlende Zahl?" Pedro starrte sie verwundert an. „Und woher willst du das so genau wissen?"

„Juan", erklärte Elena, „hat gehört, dass Pater Marco die Zahlen in Zauberquadraten verschlüsselt."

„Und wie sollen wir die Zahl herausfinden?"

„Wir können es ausrechnen", fuhr Elena fort. „Er hat mir genau erklärt, wie es geht. Es ist nicht schwer, denn in einem Zauberquadrat müssen die Ziffern in jeder waagrechten und jeder senkrechten Reihe immer dieselbe Summe ergeben."

„Jetzt verstehe ich", unterbrach Pedro das Mädchen. „Wenn die Summe jeder Reihe immer dasselbe ergeben soll, dann gibt es für die fehlende Zahl nur eine Möglichkeit." Er begann zu rechnen.

? *Wie lautet die Nummer des Truhenschlüssels?*

Hinterhalt

"Da sind die Männer wieder", murmelte Elena, als sie wenig später auf der Landstraße zurück nach Palos eilten. "Sie haben auf uns gewartet."

"Unsinn. Wieso sollte jemand auf uns warten?" Pedro glaubte dem Mädchen immer noch nicht, obwohl auch er die beiden Männer sah, die lässig am Stamm einer Pinie lehnten. Da es unter dem Baum schattig war, konnte er ihre Gesichter nicht gleich erkennen, doch dann schritten sie ins helle Sonnenlicht auf die Straße zu.

"Heilige Maria, stehe uns bei!", stieß der Junge hervor, und es lief ihm trotz der Hitze kalt den Rücken hinab.

"Habe ich es dir nicht gesagt?", stellte Elena fest. "Mit den beiden Typen stimmt was nicht."

"Und ob." Pedro nickte ernst. "Das letzte Mal habe ich sie gestern in einem verfallenen Haus am Hafen gesehen."

"Was? Du kennst sie?" Elena machte große Augen.

"Kennen nicht gerade. Allerdings weiß ich, dass der kleine Dicke Sanchez heißt und dass der andere ein entlaufener Sträfling ist."

„Die beiden Männer, die meinem Vater die Drohbriefe geschrieben haben?"

„Genau."

„Was wollen die von uns?"

„Bestimmt nichts Gutes." Pedro überlegte einen Augenblick. „Wir müssen so schnell wie möglich zum Kloster zurück." Er machte kehrt und lief den Weg zurück. Elena rannte hinterher. Doch sie kamen nicht weit. Die beiden Verbrecher hatten sie blitzschnell eingeholt und stellten sich ihnen breitbeinig in den Weg, Sanchez einen dicken Ast drohend in der Hand.

„Na, wenn das nicht die kleine Señorita de Alva ist", grinste Luis de Cabra. „Genau dich suchen wir." Er packte Elenas Arm und drehte ihn auf ihren Rücken. Obwohl das Mädchen wie wild um sich trat, ließ der Mann nicht locker. Pedro wollte Elena helfen, doch Sanchez kam ihm zuvor. Alles, was der Junge noch

sah, war ein Holzknüppel, der durch die Luft sauste und auf ihn niederfuhr, danach explodierte ein Funkenregen in seinem Kopf, und es wurde schwarz vor seinen Augen.

Als Pedro wieder zu sich kam, stand die Sonne bereits tief im Westen. Vorsichtig setzte er sich auf und rieb seinen schmerzenden Kopf. Er hatte eine dicke Beule an der Stirn, die sich feucht anfühlte. Pedro dachte angestrengt nach. Was war geschehen? Nur langsam fiel ihm alles wieder ein. Der Schlüssel! Hastig griff er nach dem Beutel an seinem Gürtel und spürte erleichtert das kühle Metall darin. Doch wo war Elena?

„Elena!", rief er und sprang auf. Keine Menschenseele weit und breit. Nur einige Ziegen, die am Wegrand standen, blickten ihn mit ausdruckslosen Augen an.

„So ein Mist", fluchte er laut. Was sollte er nur tun? Wohin hatten die Männer Elena verschleppt? Auf jeden Fall musste er als Erstes zu den de Alvas gehen. Doch was sollte er ihnen nur sagen? „Tut mir Leid, Eure Tochter wurde auf der Landstraße von einem entlaufenen Sträfling verschleppt, kurz nachdem sie Euren Truhenschlüssel aus dem Kloster geklaut hat?" Señor de Alva würde sicher vor Wut rasen.

Bevor er sich auf den Heimweg machte, sah sich Pedro nochmals um, aber das Mädchen und ihre Entführer blieben spurlos verschwunden. Erst dann entdeckte er den zerknüllten Zettel, der im Staub der Landstraße lag. Neugierig griff er danach. Vielleicht war es Elena ja gelungen, ihm eine Botschaft zu hinterlassen. Doch auf dem Blatt standen nur merkwürdig angeordnete Buchstaben. Trotzdem steckte Pedro den Zettel in seinen Beutel. Man konnte nie wissen.

„Um Himmels willen!", rief Señora de Alva, als Pedro wenig später von dem Hausdiener in die Wohnstube der de Alvas geführt wurde. „Du blutest an der Stirn."

„Ist nicht so schlimm", erwiderte er. „Elena ...", begann er zögernd, während Señor und Señora de Alva ihn erwartungsvoll anblickten.

„Elena ...", fuhr er fort, doch es fehlten ihm die richtigen Worte.

„Elena?", wunderte sich Señor de Alva. „Ist die nicht in ihrem Zimmer?"

Pedro biss sich auf die Lippen, doch es blieb ihm nichts anderes übrig, als die Wahrheit zu berichten. „Elena wurde entführt", stieß er schließlich atemlos hervor.

„Entführt?", kam es einstimmig von Señor de Alva und seiner Frau, während Juan käsebleich wurde.

Pedro nickte. „Ja, von denselben Männern, die Euch die Drohbriefe geschrieben haben."

„Drohbriefe?" Señor de Alva starrte den Jungen fassungslos an. „Woher weißt du von den Drohbriefen?"

„Vater", meldete sich Juan leise, „Elena und ich ha-

ben am Freitag die Schnipsel wieder zusammengesetzt und den Brief gelesen."

„Ihr habt was?" Der Mann traute seinen Ohren nicht.

„Wir wussten, dass irgendetwas passiert war, und wollten herausfinden, was", erklärte Juan kleinlaut. „Und weil ich unter Hausarrest stehe, habe ich heute Pedro ins Kloster geschickt, um den Ersatzschlüssel zu deiner Truhe zu holen. Elena hat gesehen, dass du das zweite Schreiben dort reingelegt hast."

„Das ist ja unerhört!" Der Vater wurde rot im Gesicht.

„Wir wollten dir nur helfen", rechtfertigte sich der Junge. „Ich hatte ja keine Ahnung, dass Elena mit Pedro zum Kloster gehen würde und dass man sie dabei entführt. Das war nicht geplant."

„Soll das ein Scherz sein?" Señora de Alva verstand nicht. „Elena entführt? Und von welchen Drohbriefen sprecht ihr?"

„Ich wollte dich damit verschonen", erklärte Señor de Alva. „Erst dachte ich ohnehin, dass sich jemand nur einen Spaß erlaubt."

„Wer hat dich bedroht?" Die Stimme seiner Frau zitterte.

„Das weiß ich auch nicht so genau. Am Freitagabend erhielt ich den ersten Brief. Der Schreiber versuchte, mich zu erpressen. Er schrieb, dass er nur schweigen würde, wenn ich ihn bezahle. Mehr nicht. Dann kam gestern der zweite Brief. Ähnlich wie der erste Brief, nur dass der Schreiber dieses Mal 100 000 Maravédis verlangte. Gleichzeitig drohte er, dass, wenn ich dieser Forderung nicht nachkäme, er nicht nur sein Schweigen brechen, sondern meiner Familie etwas Schlimmes passieren würde." Er begann im Zimmer auf und ab zu gehen. „Ich habe nicht darauf reagiert, außer dass ich zu den Behörden gegangen bin, um eine alte Angelegenheit zu regeln."

Señora de Alva blickte ihn entsetzt an. „Welche Angelegenheit? Und was weiß dieser Verbrecher über dich, was 100 000 Maravédis wert sein könnte?"

„Ich habe nichts zu verbergen", versicherte Señor de Alva seiner Frau. „Allerdings gab es da doch eine kleine Episode, auf die sich diese Drohbriefe beziehen könnten."

„Und?" Sie blickte ihn mit tränenfeuchten Augen an.

„Vor etwa fünf Jahren", begann er, ohne die beiden Jungen zu beachten, die stumm dem Gespräch lauschten, „habe ich Gold von der Berberküste nach Spanien schmuggeln lassen. Doch das ist längst Vergangenheit. Die Behörden wissen nun Bescheid, und ich habe die Steuern nachbezahlt."

„Und wer könnte noch von dem Schmuggel wissen?"

Señor de Alva überlegte. „Es gibt da nur einen Mann, der infrage käme, doch der hält sich längst nicht mehr in Palos auf. Soviel ich weiß, ging er nach Sevilla."

„Und wer ist dieser Mann?" Señora de Alva wollte es genau wissen.

„Gomez Bernal", antwortete ihr Mann. „Er arbeitete damals als Schreiber für mich. Als ich jedoch herausfand, dass er Geld hinterzog, habe ich ihn entlassen."

„Gomez Bernal? War das nicht der Mann, dem eine Narbe quer über die Wange lief?"

Señor de Alva nickte. „Genau der, meine Liebe."

Im nächsten Augenblick klopfte es an der Tür. Der Hausdiener betrat den Raum. „Entschuldigt, gnädiger Herr." Er verbeugte sich und reichte ihm einen Brief.

Wortlos brach Señor de Alva das Siegel und überflog das Schreiben.

„Sie haben Elena tatsächlich", erklärte er grimmig. „Dies ist eine Lösegeldforderung."

Señora de Alva öffnete den Mund und stieß einen schrillen Schrei aus. Danach sackte sie auf dem Stuhl zusammen, wo sie in Tränen ausbrach. „Estebán", schluchzte sie. „Tu doch etwas."

„Tomás", wandte sich Señor de Alva an den Diener, der immer noch stocksteif neben ihm stand. „Geh zum Alguacil. Der Mann soll hierher kommen. Und zwar schnell!"

„Ich weiß, wo sich Gomez Bernal aufhält", murmelte Juan leise. „Ich habe ihn erst kürzlich gesehen. Allerdings wird uns das auf der Suche nach Elena auch nicht weiterhelfen."

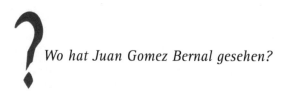

Wo hat Juan Gomez Bernal gesehen?

Ermittlungen im Gefängnis

Das Surren der Stechmücken war kaum auszuhalten. Wütend holte Juan mit der Hand aus und schlug in die Dunkelheit. Für einen kurzen Augenblick war es still, dann summte es wieder um seine Ohren. Unruhig warf er sich auf die andere Seite.

Es war bereits Montag, kurz vor Mitternacht, und seine Schwester war immer noch wie vom Erdboden verschluckt.

Wäre er doch nur selbst gleich ins Gefängnis gegangen, um Gomez Bernal zur Rede zu stellen, dann hätte man Elena vielleicht längst gefunden! Der Alguacil jedoch hatte erst die Stadt nach dem Mädchen durchsuchen lassen, bevor er sich endlich am Montagmittag dazu entschloss, den Sträfling zu verhören. Zu diesem Zeitpunkt allerdings war es bereits zu spät. Bernal war kurz vorher entlassen worden, da er vorgegeben hatte, bei Kolumbus anzuheuern. Inzwischen war er natürlich über alle Berge.

Ein leises Klirren ließ Juan aufhorchen. Er setzte sich auf und lauschte. Da war es wieder, fast als ob jemand Steine an die Fensterläden werfen würde. Dann konnte man ein leises Pfeifen hören. Und wieder rasselten Steinchen, dieses Mal eine ganze Hand voll. Neugierig stieg er aus dem Bett, schlüpfte in Hemd und Hose und öffnete die Läden einen Spalt.

„Na, endlich!", kam Pedros Stimme leise von unten. „Ich dachte schon, du hörst mich überhaupt nicht mehr."

„Was willst du um diese Zeit?", wunderte sich Juan, der hinaus auf den Balkon getreten war.

„Wir müssen sofort zum Stadtgefängnis", verkündete Pedro.

„Wozu?" Juan verstand nicht.

„Gomez Bernal ist nicht mehr dort. Er wurde entlassen."

„Ich weiß", erwiderte sein Freund. „Doch ich habe eine heiße Spur, die uns möglicherweise zu deiner Schwester führen könnte. Hier, fang auf!" Mit Schwung warf er ein aufgerolltes Seil nach oben. „Knote es am Geländer fest, und klettere nach unten."

„Bist du jetzt völlig übergeschnappt?"

Pedro schüttelte den Kopf. „Garcia, der Verlobte unserer Kellnerin, ist Gefängnisaufseher. Catalina hat mir erzählt, dass er heute einen Zettel gefunden hat, der vermutlich heimlich ins Gefängnis geschmuggelt wurde."

„Und was hat das mit Elena zu tun?"

„Na, denk doch mal nach. Falls Gomez Bernal tatsächlich etwas mit dem Fall zu tun hat, könnte es doch gut sein, dass ihm seine beiden Komplizen eine Nachricht geschickt haben. Beispielsweise, wo sie sich treffen sollen, wenn er aus dem Gefängnis kommt, oder vielleicht sogar, wo sie Elena versteckt halten."

„Höchst unwahrscheinlich", zweifelte Juan. „Warum sollten die Entführer dem Mann eine Nachricht überbringen, die jeder lesen kann? Da wären sie doch ganz schön dumm."

„Na gut. Doch Bernal hat die Nachricht sicher nicht absichtlich verloren. Wir sollten es auf alle Fälle überprüfen."

„Meinetwegen", gab Juan schließlich nach, während er das Seil mit einem doppelten Knoten am Geländer befestigte. „Ich muss nur meine Schuhe anziehen." Kurz darauf rutschte er auf die dunkle Straße hinab.

Das Stadtgefängnis, ein düsteres, fensterloses Gebäude, das dicht neben der Stadtmauer stand, war nicht weit. Das Tor war verschlossen und niemand weit und breit zu sehen. Pedro klopfte an. Schon kurz darauf wurde eine kleine Klappe, die im Tor eingelassen war, auf die Seite geschoben, und ein Paar strenge Augen mit buschigen Brauen erschien.

„Was wollt ihr?", fragte der Wärter schroff.

„Wir sind Freunde von Garcia und müssen ihn sprechen."

„Ist es nicht längst Schlafenszeit für euch?", brummte der Mann, während er die Jungen durch das Guckloch musterte.

„Catalina schickt uns mit einer Nachricht."

„Catalina?" Die Stimme des Mannes wurde freundlicher. „Die kann es wohl nicht erwarten, bis ihr Schatz seine Schicht beendet hat." Dann hörte man, wie ein Riegel auf die Seite geschoben wurde. „Na, da will ich mal eine Ausnahme machen. Catalina zuliebe."

Das Tor schwang auf, und der Wachmann ließ die beiden Jungen mit einem breiten Grinsen eintreten. „Eigentlich darf ich das ja nicht, doch was soll's." Er verschloss das Tor hinter den Jungen. „Geradeaus, die Stiegen hinunter. Ihr könnt Garcia nicht verfehlen. Seine Wachstube liegt gleich vor dem Gang, der zu den Zellen führt."

Die Jungen bedankten sich und begannen, die Steintreppe, die nur am oberen Ende von einer Fackel erleuchtet war, in die Tiefe zu steigen.

„Autsch!" Juan rieb sich das Hinterteil. Er war gleich nach dem ersten Schritt auf den schmierigen Stufen ausgerutscht. Wenigstens war es nicht weit, und sie hatten den Wachraum bald erreicht. Garcia hockte dort im Lampenschein auf einem Stuhl, die Beine lässig auf dem Tisch. Als er die Jungen sah, stand er auf.

„Hola, Pedro", begrüßte er ihn. „Und das ist sicher der junge Señor de Alva." Er nickte Juan freundlich zu. „Was führt euch zu mir? Doch lasst mich raten.

Meine Catalina hat euch von dem Zettel in der Zelle erzählt."

Pedro nickte. „Hast du ihn noch?"

„Natürlich", erwiderte Garcia, während er in der Tischschublade kramte.

„Was ich nicht verstehe", mischte sich Juan ein, „ist, wie jemand einem Gefangenen eine Botschaft überbringen kann. Würde das nicht Verdacht erregen?"

„Natürlich", verteidigte sich Garcia. „Ich würde normalerweise jede Nachricht sofort beschlagnahmen. Doch manchmal bringen Leute den Gefangenen etwas zu essen. Deswegen habe ich mir nichts dabei gedacht, als ein Mann kam, der ein Bündel für Gomez Bernal am Eingang ablieferte." Er hielt kurz inne. „Selbstverständlich habe ich es durchsucht, doch außer einem Laib Brot und ein paar Scheiben Schinken nichts Verdächtiges darin gefunden."

„Und wie ist die Nachricht dann zu dem Gefangenen gekommen?", fragte Juan.

„Das ist mir leider erst später klar geworden, und da war es bereits zu spät."

Die beiden Jungen blickten ihn erwartungsvoll an.

„Ich vermute", erklärte der Mann, „dass jemand ein winziges Loch ins Brot gebohrt und den Zettel reingesteckt hat. Ihr müsst zugeben, eine gute Idee."

„Was hat denn der Alguacil dazu gemeint?", wollte Juan wissen.

„Nichts. Er hat sich den Zettel nur kurz angesehen, und da er mit den seltsamen Zeichen nichts anfangen konnte, sich nicht weiter dafür interessiert."

„Seltsame Zeichen?"

Endlich hatte der Wärter den Zettel gefunden. „Hier." Er strich ihn glatt und legte ihn auf den Tisch neben die Lampe. „Ich weiß auch nicht, was das bedeuten soll, doch ich bin überzeugt, dass er von den Männern stammt, die die kleine Señorita de Alva verschleppt haben."

„Und warum", hakte Juan nach, „seid Ihr da so sicher?" Er musterte die Punkte und Kästchen auf dem Blatt kritisch.

„Ich weiß vom Alguacil" erklärte Garcia, „dass Gomez Bernal verdächtigt wird, die beiden Entführer mit wichtigen Informationen über deinen Vater und eure Familie versorgt zu haben. Und den Rest kann ich mir zusammenreimen. Es liegt doch klar auf der Hand, dass es die Entführer waren, die Bernal diese geheime Botschaft zukommen ließen. Und damit sie niemand lesen konnte, haben sie sie verschlüsselt."

„Ich verstehe", murmelte Juan. „Nur bringt uns das nicht weiter. Wie sollen wir dieses Gekritzel entziffern, wenn es selbst der Alguacil nicht geschafft hat?"

„Der Alguacil konnte die Schrift nicht lesen, weil er keine Ahnung hatte, was die einzelnen Zeichen bedeuten", erklärte Pedro. Dann grinste er. „Wir dagegen sind ihm einen Schritt voraus."

„Wie bitte?" Juan starrte ihn verständnislos an.

Pedro zog einen kleinen Zettel aus dem Beutel, der an seinem Gürtel baumelte. „Wir haben den Schlüssel zu der Geheimschrift", verkündete er triumphierend. „Und obendrein den Beweis, dass diese Nachricht tatsächlich von den Entführern stammt."

„Woher hast du denn den?" Juan blickte verwundert von einem Zettel zum anderen.

„Die Entführer haben ihn verloren, als sie Elena verschleppten. Ich habe ihn eingesteckt."

„Hervorragend", lobte ihn sein Freund, während er die Lampe näher schob. Dann musterte er die Zeichen stirnrunzelnd. „Sieht so aus, als hätten sie die einzelnen Buchstaben durch Kästchen und Punkte ersetzt. Der erste Buchstabe ist ein E."

„Der zweite ein N", ergänzte Pedro. „Das haben wir sicher gleich entziffert."

Wie lautet die Nachricht?

An Bord der Santa Maria

„S Maria", rief Juan. „Das kann nur eines bedeuten: Die Verbrecher halten Elena auf der Santa Maria gefangen."

Pedro nickte ernst. „Wir müssen sofort auf das Schiff, um nach ihr zu suchen."

„Der einzige Ort, zu dem ihr heute Nacht noch geht", unterbrach ihn Garcia streng, „ist zum Alguacil. Der wird sich um die Angelegenheit kümmern. Ich würde ja einen unserer Wachleute schicken", fügte er entschuldigend hinzu, „doch wir sind nachts zu wenige, als dass wir auch nur einen Mann entbehren könnten. Und jetzt beeilt ihr euch besser."

Die beiden Jungen bedankten sich und hasteten die rutschigen Stufen zum Ausgang hoch. Wenig später standen sie wieder auf der dunklen Gasse. Juan wollte schon den Weg zum Haus des Alguacil einschlagen, als ihn Pedro zurückhielt.

„Du hast doch nicht ernsthaft vor, zum Alguacil zu gehen?", fragte er den Freund.

„Warum nicht?"

„Weil es die reinste Zeitverschwendung wäre. Denkst du, der Mann glaubt uns auch nur ein Wort, nachdem wir ihn am Samstag zu der leeren Ruine geholt haben?"

„Und was schlägst du vor?"

„Wir gehen natürlich selbst zur Santa Maria und befreien deine Schwester." Für Pedro bestanden da keine Zweifel. „Komm schon!" Er begann, die Straße zum Fluss hinabzulaufen.

Der Hafen lag still und verlassen. Selbst die Möwen hatten sich zur Ruhe begeben. Der Mond, der inzwischen aufgegangen war, tauchte das Flaggschiff des Admirals in ein silbriges Licht. Durch die Flut war der Wasserspiegel des Flusses angestiegen und hatte die Karacke angehoben.

„Da kommen wir nie hoch", stellte Juan enttäuscht fest, während er die steile Seitenwand der dickbauchigen Santa Maria musterte. Die hölzerne Landungsbrücke, die tagsüber das Schiff mit dem Steg verband, war eingezogen worden. Auf dem Hauptdeck sah man im Licht einer Lampe einen Wachposten auf und ab gehen.

„Doch", widersprach ihm Pedro. „Das schaffen wir mit Leichtigkeit." Der Junge deutete auf eine vergessene Strickleiter, die am Bug des Schiffes baumelte. „Zuerst brauchen wir jedoch José."

„José?" Der Junge blickte den Freund verwundert an. „Wer ist José, und wieso brauchen wir ihn?"

„José ist ein Stammkunde in der Bodega meines Vaters. Er ist Hilfsarbeiter im Hafen. Er kennt sich auf den Schiffen aus und weiß, wo man dort ein Mädchen am besten verstecken könnte."

„Und wo ist dieser José?" Juan wurde ungeduldig. Er wollte seine Schwester finden.

„Vermutlich schläft er irgendwo seinen Rausch aus", meinte Pedro grinsend, während er sich auf dem Uferdamm umsah. „Meist ist er nämlich zu betrunken, um nach Hause zu gehen. Dann legt er sich einfach irgendwohin."

„Wie kommst du dann darauf, dass du ihn so einfach findest?" Juan machte eine Handbewegung über das Hafengelände. „Das könnte Stunden dauern."

Doch Pedro ging bereits selbstbewusst auf eine Taurolle zu. „José!", rief er leise und begann, ein Bündel, das Juan für einen Sack gehalten hatte, zu schütteln. Der Sack erwies sich als ein Mann mit struppigem Bart, der gähnend die Augen öffnete.

„Gold", stammelte er. „Die Dächer sind aus Gold." Dann streckte er sich gähnend. „Ist es schon Zeit zum Au... Aufstehen?" Er rieb sich die Augen und starrte Pedro an. „Ach, du ... du bist es", stammelte er. „Ich ha... habe Ca... Catalina bezahlt."

„Ist ja schon gut", beruhigte Pedro den Mann. „Ich will kein Geld. Ich will dich nur etwas fragen."

Der Mann versuchte, sich aufzurichten, doch landete gleich wieder auf dem Tauwerk.

„Gib es auf", wisperte Juan seinem Freund zu. „Der ist nicht mehr zurechnungsfähig."

Doch Pedro gab nicht so schnell nach. „José", sagte er. „Denk nach. Wo könnte man auf der Santa Maria ein entführtes Mädchen verstecken?"

„Ein Mädchen an Bord der Santa Maria", lallte der Mann, den gar nichts mehr wunderte. „Die könnte man überall gut ver... verstecken. In Fässern, Säcken, Kisten."

„Ist dir irgendetwas Ungewöhnliches auf dem Schiff aufgefallen?"

„Der Wein deines Vaters ist der beste in ganz Andalusien." José versuchte aufzustehen, taumelte und plumpste wieder auf das Tau.

„Bitte", flehte Pedro. „Es ist äußerst wichtig! Möglicherweise geht es sogar um Leben und Tod."

José starrte die beiden Jungen mit weit aufgerissenen Augen an, und seine Stimme klang mit einem Mal nüchtern. „Jetzt erinnere ich mich. Da war so ein verdächtiges Geräusch", begann er.

„Was für ein Geräusch?"

„Ein Quietschen, doch es hätte auch ein Schluchzen sein können."

„Ein Mädchen, das weint?"

„Vielleicht."

„Könnt Ihr Euch noch erinnern, wo das war?", mischte sich Juan aufgeregt ein.

Der Mann dachte nach. „Es war in einem der Laderäume im Bauch des Schiffes."

„Dort befinden sich gewöhnlich alle Laderäume", stellte der Junge enttäuscht fest.

„Nicht so ungeduldig", fuhr der Hafenarbeiter fort. „In diesem Laderaum waren nur Fässer, Kisten und Säcke verstaut, kein einziger Krug. Das weiß ich noch", fügte er erklärend hinzu, „weil ich auf der Suche nach einem Ölkrug war." Er gähnte ausgiebig. „Ach ja, und es führte eine Leiter runter in den Raum. Das war alles." Er rollte sich auf dem Tau zusammen, und einen Augenblick später war er wieder fest eingeschlafen.

„Es ist nicht nur der Wachposten, vor dem wir uns in Acht nehmen müssen", erinnerte Juan seinen Freund, als sie kurz darauf zur Strickleiter schlichen, die an der Santa Maria hing. „Die Verbrecher sind sicher auch irgendwo auf dem Schiff."

„Ja", stimmte ihm Pedro zu. „Wir müssen auf der Hut sein." Er rieb die Beule auf seiner Stirn, die ihm Sanchez auf dem Rückweg vom Kloster verpasst hatte. „Diese Männer schrecken vor nichts zurück."

Vorsichtig begann er, die Sprossen der Jakobsleiter hochzusteigen. Bevor er an Bord kletterte, spähte er über den Rand, um nach dem Wachposten Ausschau zu halten. Er stand mit dem Rücken zu ihnen im Bug des Schiffes und blickte auf den dunklen Fluss hinaus. Pedro schwang sich über die Reling und landete lautlos wie eine Katze auf dem Deck. Juan folgte dicht hinterher.

Ohne dass der Wachposten die beiden Jungen bemerkte, huschten sie an einem Beiboot vorbei und kletterten die Holzstiege zum Achterdeck hinauf. Da der hintere Teil der Karacke im tiefen Schatten lag, konnten sie dort erst einmal verschnaufen.

„Am besten, wir durchsuchen das Schiff gründlich von oben bis unten", schlug Juan leise vor, während er sich hinter das Geländer kauerte. „Auf diese Weise gehen wir sicher, dass wir Elena auch ja nicht übersehen."

„Gute Idee", flüsterte Pedro. „Dann würde ich vorschlagen, dass wir gleich mit der Kapitänskajüte anfangen." Er deutete auf eine Tür direkt hinter ihnen.

Doch plötzlich hielt er inne. Es waren deutlich Schritte zu hören, die sich dem Achterdeck näherten und direkt unterhalb des Geländers anhielten. Für einen Augenblick war nur das leise Knarzen des Holzes und das Plätschern der Wellen gegen den Schiffsbauch zu hören, dann entfernten sich die Schritte wieder. Schnell schlüpften die Jungen in die Kajüte.

Bis auf einen silberhellen Strahl Mondlicht, der durch eine offene Luke in den niedrigen Raum schien, war es dort finster. Allerdings dauerte es nicht lange, und die Augen der Jungen hatten sich an die Dunkelheit gewöhnt.

„Hier sind weder Säcke noch Fässer verstaut", wisperte Juan, während er sich umsah. Er zog einen Vorhang zur Seite, doch dahinter verbarg sich nur ein Bett. „Elena ist bestimmt nicht hier." Enttäuscht sah er sich weiter um. Da waren eine Truhe, ein Stuhl und ein Tisch, auf dem alle möglichen Instrumente lagen.

„Guck dir das mal an." Pedro hatte eine Zeichnung entdeckt, die neben den nautischen Instrumenten auf dem Tisch lag. Er nahm das Blatt und hielt es ins Mondlicht.

Juan näherte sich neugierig. „Sieht wie der Querschnitt des Schiffes aus."

Sein Freund nickte aufgeregt. „Jemand hat genau eingezeichnet, wo auf der Santa Maria Fässer, Säcke, Kisten und Krüge verstaut wurden."

„Und in welche Laderäume Leitern hinabführen", ergänzte Juan. „Wenn wir uns das genau anschauen, können wir herausfinden, wo José Elena weinen hörte."

Die Jungen begannen, die Zeichnung eifrig zu studieren.

? *In welchem Laderaum hat José das Geräusch gehört?*

Eine lange Nacht

"Dort unten ist es sicher stockfinster", meinte Juan zögernd. Sie kauerten hinter einem Geschütz, das an der einen Seite des Hauptdecks stand. Die offene Luke, von der eine Leiter hinab in den Schiffsbauch führte, war nur wenige Schritte entfernt.

"Zum Glück bin ich für solche Notfälle ausgerüstet", erwiderte sein Freund leise, während er einen Kerzenstummel aus dem Beutel am Gürtel zog. "Allerdings müssen wir uns an die Lampe schleichen, um die Kerze anzuzünden." Er deutete mit einer Kopfbewegung auf den Wachmann, der gerade wieder auf sie zumarschierte. "Dabei könnte der uns Schwierigkeiten bereiten." Die Lampe, um die Motten schwirrten, baumelte an einem Haken neben dem Mast mitten auf dem Hauptdeck.

"Das schaffen wir nie", murmelte Juan.

"Wir müssen es riskieren", flüsterte Pedro bestimmt. "Ohne Licht haben wir keine Chance."

Als der Wachposten sich das nächste Mal umdrehte, um zum Bug des Schiffes zu schreiten, flitzte der Junge lautlos über das Deck. Solange der Mann ihm den Rücken zudrehte, war er in Sicherheit. Bei der

Lampe angekommen, hielt er den Kerzendocht in die Flamme. Er hatte ihn schnell angezündet und sauste zurück zu Juan.

Allerdings hatte er dabei etwas Wichtiges vergessen: Die Dunkelheit, die sie bisher verborgen hatte, bot nun keinen Schutz mehr. Selbst die Hand, die Pedro schützend vor die Flamme hielt, konnte den Lichtschimmer der flackernden Kerze nur wenig schwächen.

„Wer da?", rief der Wachmann mit strenger Stimme und schritt auf das Geschütz zu.

Pedro blies die Kerze rasch aus, doch es war bereits zu spät. Der Mann hatte die beiden Jungen entdeckt.

„Was macht ihr hier?" Er packte Juan wütend an der Schulter und zog ihn hoch. „Verschwindet, bevor ich den Alguacil holen lasse!"

Doch Juan wollte nicht so schnell aufgeben. Immerhin ging es hier um seine Schwester. Er begann deswegen ausführlich zu erklären, wieso sie unbedingt in den Laderaum mussten.

Der Mann hörte ihm zunächst mit ernstem Gesicht zu, doch dann begann es, um seine Mundwinkel zu zucken, bis er sich das Lachen nicht mehr verbeißen konnte. „Du denkst, man hält deine Schwester dort unten gefangen?", prustete er laut los. „Da hat euch jemand schön zum Narren gehalten. Auf der Santa Maria gibt es ganz bestimmt kein entführtes Mädchen. In dem Laderaum quietscht es allerdings schon. Da wurden gestern Schweine geladen, die als lebender Proviant mit nach Indien fahren sollen."

„Und jetzt?", fragte Juan, als sie wenig später wieder auf dem Hafendamm standen. „In der Geheimbotschaft stand doch ganz sicher S Maria."

Pedro dachte nach. Dann plötzlich hellte sich sein Gesicht auf. „Wir haben automatisch angenommen, dass das S für *Santa* steht, doch könnte es nicht auch für *Señora* stehen?"

„Kann schon sein, doch ich kenne keine Señora Maria."

„Ich schon", grinste Pedro. „Señora Maria hat den

Ruf, den besten Kichererbseneintopf in ganz Andalusien zu kochen. Sie betreibt eine Herberge im Hafen. Gleich hier um die Ecke." Er überlegte einen Augenblick. „Vielleicht halten die Verbrecher deine Schwester ja dort versteckt."

„In einer Herberge? Ich weiß nicht", gab Juan zurück. „Allerdings sollten wir es trotzdem überprüfen."

Die Herberge, deren Fensterläden dicht verschlossen waren, lag in einer Gasse, die von der Hafenstraße zu den Lagerhallen führte. Da das Eingangstor nur angelehnt war, konnten die Jungen ungehindert auf den Innenhof schlüpfen.

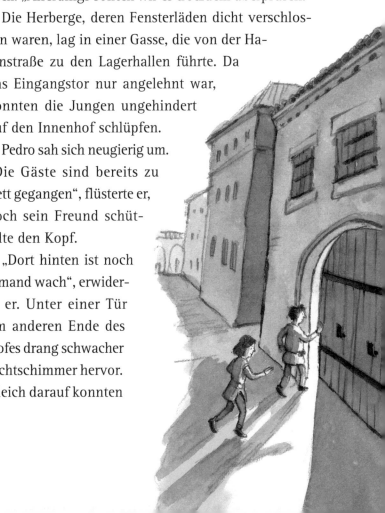

Pedro sah sich neugierig um. „Die Gäste sind bereits zu Bett gegangen", flüsterte er, doch sein Freund schüttelte den Kopf.

„Dort hinten ist noch jemand wach", erwiderte er. Unter einer Tür am anderen Ende des Hofes drang schwacher Lichtschimmer hervor. Gleich darauf konnten sie eine gedämpfte Frauenstimme vernehmen. Juan gab Pedro ein Handzeichen, näher zu schleichen.

„Nur noch eine Nacht", hörten sie die Stimme nun deutlicher, „und keine Stunde länger."

„Ist ja schon gut, Señora Maria. Ich habe Euch doch schon gesagt, dass wir morgen Früh die Stadt verlassen wollen. Danach werdet Ihr uns nie wieder sehen."

„Und immerhin entlohnen wir Euch für Eure Dienste reichlich", mischte sich ein anderer Mann ein.

„Das schon", fuhr die Frau fort, „doch mit dieser Entführung will ich nichts mehr zu tun haben. Und jetzt wünsche ich Euch eine gute Nacht."

Im nächsten Augenblick wurde die Tür zum Hof geöffnet, und das helle Licht einer Lampe schien den Jungen direkt ins Gesicht.

„Schnell weg von hier", zischte Pedro. Doch es war bereits zu spät. Die beiden Männer, die hinter der Frau auf den Hof hinaustraten, hatten sie gleich erkannt.

„Na, wen haben wir denn da", murmelte Sanchez. Er packte Pedro, während Luis de Cabra nach Juan griff.

„Die beiden stellen uns schon eine Weile nach", klärte Sanchez Señora Maria auf. „Haben uns vor ein paar Tagen sogar den Alguacil auf den Hals gehetzt."

Señora Maria hielt die Lampe hoch, während sie die beiden Jungen musterte. „Lasst sie laufen", bat sie die Männer. Da trat ein dritter Mann ins Lampenlicht. Eine lange Narbe lief ihm quer über die Wange.

„Auf keinen Fall", widersprach er. „Das ist zu riskant. Wenn wir wollen, dass alles nach Plan läuft, müssen die kleinen Schnüffler bis morgen aus dem Weg geschafft werden."

Die Frau überlegte kurz. „Na gut", meinte sie. „Das ist aber die letzte Gefälligkeit, die ich Euch erweise."

Wenig später fanden sich die beiden Jungen in Señora Marias Keller wieder.

„So ein Mist", fluchte Juan, als die Falltür dicht über

ihren Köpfen quietschend zuklappte. Sie hörten, wie ein Riegel vorgeschoben wurde, wie sich Schritte entfernten. Danach war es gespenstisch still.

„Elena ist hier im Haus", verkündete Pedro nach einer Weile. „Wir müssen hier raus, um sie zu befreien." Er begann, an der Tür zu rütteln.

„Vielleicht gibt es noch einen zweiten Ausgang", schlug Juan hoffnungsvoll vor. Er tastete sich im Dunkeln bis zur Wand vor und begann, diese von oben bis unten zu befühlen. Doch außer feuchten Steinen fand er nichts.

„Es hat keinen Sinn", murmelte er schließlich trübsinnig. Er ließ sich auf den kalten Boden nieder, schlang seine Arme um die Knie und starrte in die Dunkelheit.

„Du hast Recht", stimmte ihm Pedro zu. „Alles, was uns übrig bleibt, ist abzuwarten." Laut gähnend hockte er sich neben seinen Freund. „Mach dich auf eine lange, unbequeme Nacht gefasst."

Irgendwann gelang es den Jungen doch nicht mehr, wach zu bleiben. Dicht nebeneinander schlummerten sie ein und wurden erst Stunden später von einem Geräusch aus dem Schlaf gerissen.

„Wie spät es wohl ist?" Pedro streckte gähnend seine steifen Glieder.

„Was?", stammelte Juan, der im ersten Augenblick

nicht mehr wusste, wo er war. Dann schwang die Falltür über ihnen auf, und helles Tageslicht strömte in den Keller.

„Na macht schon", kam Señora Marias Stimme von oben. „Wollt ihr die kleine Señorita nicht retten?"

Verwundert starrten die beiden Jungen die Frau an. „Die Männer haben sie mit zum Hafen genommen", erklärte sie. „Ich weiß nicht, was sie mit der Kleinen vorhaben, doch es ist bestimmt nichts Gutes."

„Wohin genau im Hafen?" Juan war mit einem Mal hellwach.

„Keine Ahnung. Aber an eurer Stelle würde ich mich beeilen, bevor es zu spät ist." Sie half den Jungen die Leiter hoch. „War von Anfang an gegen die Entführung", murmelte sie. Doch Juan und Pedro hörten sie schon nicht mehr. Sie eilten bereits die Gasse zum Hafen hinab.

„Und wie sollen wir hier in all dem Trubel Elena finden?" Juan ließ seinen Blick über das Gelände schweifen. Fischer, die von ihren Ausfahrten zurückgekehrt waren, luden gerade ihren nächtlichen Fang aus. Möwen kreisten laut kreischend über ihnen, in der Hoffnung, einen Fischkopf abzubekommen. Auch auf der Santa Maria, der Pinta und der Niña, die alle drei im Schein der Morgensonne lagen, war bereits einiges los. Matrosen schrubbten die Planken, während andere letzte Weinfässer und Mehlsäcke luden. Von Elena war nichts zu sehen.

„Schnell", stieß Pedro plötzlich aufgeregt hervor. „Hol den Alguacil!" Dann stürmte er los.

Was hat Pedro entdeckt?

Auf nach Indien!

Das kleine Ruderboot, von der dickbauchigen Santa Maria halb verborgen, war kaum zu sehen. Doch Pedro hatte Sanchez, der auf dem Steg gleich daneben stand, sofort erkannt. Der Mann machte sich gerade daran, das Tau, mit dem das Boot festgebunden war, loszuknoten. Seine beiden Komplizen saßen bereits ungeduldig auf der Ruderbank, die Riemen in der Hand und bereit, jeden Augenblick loszupaddeln.

Zu Füßen der beiden Männer im Boot lag eine Kassette, daneben ein großes Bündel. Erst als der Junge genauer hinsah, begriff er, dass es sich um Elena handelte. Sie lag dort zusammengekauert, einen Knebel im Mund, an Händen und Füßen gefesselt.

Im Zickzack raste Pedro um Kisten, Körbe und Fischernetze auf das Boot zu.

„Kannst du nicht aufpassen!", fuhr ihn einer der Fischer an, als er über ein Tau stolperte und dabei einen Korb voller Fische umwarf. Die glitschigen Tiere glitten auf den Hafendamm, wo sie wie wild zappelten.

„Entschuldigung", rief der Junge, ohne anzuhalten. Er musste die Männer unbedingt davon abhalten, aus dem Hafen zu rudern. Dann hatte er Sanchez erreicht, der sich immer noch an dem Knoten zu schaffen machte. Der Verbrecher wusste nicht, wie ihm geschah. Mit einem lauten Platschen landete er im Rio Tinto, wo er, nach Luft schnappend, auftauchte, um gleich darauf wieder unterzugehen. Pedro hatte sich mit voller Kraft auf den ahnungslosen Mann gestürzt und ihn vom Steg ins Wasser gestoßen.

Luis de Cabra und Gomez Bernal, die das Geschehen vom Boot aus beobachteten, begannen, wie wild zu rudern. Da ihr Boot allerdings noch immer festgebunden war, rührte es sich nicht von der Stelle.

Inzwischen waren die Leute am Hafendamm aufmerksam geworden. Neugierig näherten sie sich dem Holzsteg, wo Pedro gerade Anlauf nahm und mit einem riesigen Satz ins Ruderboot sprang. Das Boot schwankte gefährlich.

Gomez Bernal und sein Komplize versuchten, den Jungen festzuhalten, doch bevor sie Pedro fassen konnten, hatte sich dieser die Kassette geschnappt, die neben der gefesselten Elena auf dem Boden des Bootes lag. Obwohl er nicht sicher war, ob sich das Lösegeld tatsächlich in dem Behälter befand, hob er ihn hoch und hielt ihn über Bord.

„Lasst das Mädchen frei!", rief er atemlos. „Oder Eure Maravédis landen auf dem Grund des Rio Tinto."

„Das ist nicht nötig", kam eine tiefe Stimme vom Hafendamm. „Ich beschlagnahme die Maravédis im Namen des Gesetzes und werde sie zur gegebenen Zeit ihrem rechtmäßigen Besitzer übergeben."

Pedro blickte auf. Der Alguacil schritt selbstbewusst auf das Ruderboot zu, Juan im Laufschritt dicht hinterher.

Danach ging alles ganz schnell. Ohne viel Zeit zu verlieren, befahl der Ordnungshüter seinen Männern, das Ruderboot mitsamt den Insassen am Tau zurück zum Holzsteg zu ziehen, während ein anderer Sanchez aus dem Wasser fischte. Die drei Verbrecher wurden verhaftet und die Kassette mit dem Lösegeld wurde sichergestellt.

In all dem Durcheinander löste Pedro Elenas Fesseln.

„Danke!", murmelte sie, nachdem er ihr den Knebel aus dem Mund gezogen hatte. Sie rieb sich die Handgelenke.

„Hallo Schwesterherz", kam Juans Stimme vom Steg. Er reichte ihr die Hand und half ihr an Land. Dann schloss er sie fest in die Arme. „Ich hätte nie gedacht, dass ich mich einmal so freuen würde, dich zu sehen."

„Ich auch nicht", grinste sie. „Aber ein nervender Bruder ist allemal besser, als den Haien zum Fraß vorgeworfen zu werden."

„Hatten sie das denn vor?", fragte Pedro ernst.

Elena schüttelte den Kopf. „Eigentlich war geplant, mich freizulassen, nachdem die Verbrecher das Lösegeld von Vater erhalten hatten. Doch der Mann mit der Narbe überredete die anderen, mich nach Huelva mitzunehmen. Er meinte, ich sei eine Art Garantie für ihre Freiheit."

„Was ich gerne wissen würde", fragte Juan, „ist, wie sie es geschafft haben, dich ungesehen in den Hafen zu bringen."

„Das war einfach. Sie haben mich in einen Sack gesteckt", erklärte Elena. Dann hielt sie einen Augenblick inne. „Und jetzt habe ich eine Frage an euch. Wie habt ihr es geschafft, mich zu finden?"

„Das ist eine lange Geschichte", meinte Pedro, und die beiden Jungen begannen, von ihrem nächtlichen Abenteuer zu erzählen.

Erst drei Tage später, am 3. August, hatten die Freunde Gelegenheit, sich wieder zu sehen. Sie hatten sich noch vor Morgengrauen im Hafen verabredet, um die Santa Maria, die Pinta und die Niña zu verabschieden. Endlich war es so weit, und die kleine Flotte war bereit, ins Unbekannte loszusegeln.

Obwohl die Sonne noch nicht aufgegangen war, war ganz Palos auf den Beinen. Überall flimmerten Lampen, die sich auf den Hafen zubewegten. Niemand wollte die Abreise von Christoph Kolumbus versäumen.

Schon am Vortag hatten die beiden Karavellen und die Karacke vom Pier abgelegt. Jetzt schaukelten sie mitten im Rio Tinto, wo sie auf günstigen Wind und die Flut warteten. Sobald es so weit war, würden sie ihre Anker lichten und Richtung Ozean davonsegeln.

„Wo er nur bleibt", wunderte sich Juan. Obwohl die letzten Sterne langsam verblassten und am östlichen Himmel bereits der erste Schimmer des neuen Tages zu erkennen war, ließ sich der Admiral Zeit.

Dann plötzlich setzte ein aufgeregtes Murmeln ein. Eine Lichterprozession zog sich von den Stadttoren langsam die Straße zum Hafen hinab. Allen voran ging

Pater Juan Perez, der laut betete. Dicht hinter ihm folgten vier Mönche mit einer Trage auf ihren Schultern, auf der eine Heiligenfigur gefährlich hin und her schwankte. Gleich dahinter schritt der Admiral, den Kopf stolz erhoben, neben seiner Lebensgefährtin Beatriz Rodriguez, die ihren kleinen Sohn Fernando an der Hand führte.

„Dort ist Diego", stellte Elena fest, als sie den älteren Sohn des Kolumbus gleich hinter seinem Vater entdeckte. „Der würde sicher lieber mit nach Indien fahren, als bei den Mönchen im Kloster Latein zu lernen."

Die Prozession zog langsam auf den Steg zu, wo eine Barkasse auf den Admiral wartete. Sie sollte ihn hinüber zur Santa Maria bringen. Nachdem sich Kolumbus von seiner Familie verabschiedet und ihn sein Freund Pater Juan Perez gesegnet hatte, stieg er ins Ruderboot. Kurz darauf war er bei der Karacke angekommen und kletterte an Bord.

Mit Ankunft des Admirals setzte auf allen Schiffen Hochbetrieb ein. An Deck waren Matrosen zu erkennen, die geschäftig hin- und hereilten und an den Masten hochkletterten. Laute Kommandorufe drangen bis zum Ufer. Es dauerte nicht lange, und man konnte das Rasseln von Ankerketten hören.

Dann wurden die Segel gehisst. Ein plötzlicher Windstoß blähte sie auf. Die Flagge des Königshauses am Heck der Santa Maria begann, aufgeregt zu flattern. Und dann segelte die kleine Flotte langsam den Fluss hinab, Richtung Ozean. Inzwischen war die Sonne aufgegangen und tauchte den Fluss mit den Schiffen in ein rotgoldenes Licht.

Die Bewohner von Palos, die dicht gedrängt am Ufer standen und das Geschehen beobachteten, warfen ihre Kappen in die Luft, winkten und jubelten laut. Andere wischten sich die Tränen aus den Augen, bekreuzigten sich und beteten lautstark für die sichere Rückkehr des Admirals und seiner Mannschaft.

„Ich wäre so gerne mitgesegelt", meinte Pedro, während er mit sehnsüchtigen Augen den drei Schiffen nachsah.

„Ich auch", stimmte ihm Elena zu. „Wenn ich erwachsen bin, werde ich wie Kolumbus um die Welt segeln."

„Du?", lachte ihr Bruder. „Du hättest doch viel zu viel Angst vor den Seeungeheuern. Außerdem bist du ein Mädchen, dich wollen die bestimmt nicht."

„Na und", entgegnete Elena selbstbewusst. „Ich schneide mir einfach die Haare ab und ziehe mir Hosen an."

Die Schiffe wurden immer kleiner, bis sie um die Mündung des Rio Tinto bogen und ganz aus dem Sichtfeld verschwanden.

„Ob sie wohl jemals wiederkehren?", fragte Juan.

„Selbstverständlich", erwiderte Pedro überzeugt. „Sie werden hier landen, schwer beladen mit Gold und Gewürzen und anderen Schätzen aus Indien. Daran zweifle ich keinen Augenblick."

Lösungen

Sträflinge in der Stadt
Der Text lautet: *Señor de Alva, ich weiß, was Ihr getan habt. Wenn Ihr wollt, dass ich schweige, dann müsst Ihr zahlen.*

Ein Mörder auf freiem Fuß
Der Würfelspieler weiß, wie der Sträfling heißt. Der Alguacil hat dessen Namen jedoch nicht erwähnt.

Auf heißer Spur
Juan hat auf dem Tisch einen Brief entdeckt, in dem das „S" ebenso verschnörkelt geschrieben ist wie in dem Drohbrief an seinen Vater.

Geheimauftrag

Heimlich im Kloster
Es ist Schlüssel Nummer 5.

Hinterhalt
Juan hat den Mann im Hafen gesehen, als er mit den anderen Sträflingen aus Huelva ankam.

Ermittlungen im Gefängnis
Die Nachricht lautet: *Entfuehrung gelungen – Treffpunkt S Maria – Warten dort auf dich*

An Bord der Santa Maria
Nur ein Laderaum kommt infrage. Es handelt sich um den siebten von links im untersten Stockwerk des Schiffsbauches.

Eine lange Nacht
Pedro hat Sanchez auf dem Steg und die beiden anderen Männer in einem Ruderboot hinter der Santa Maria entdeckt.

Glossar

Achterdeck: Deck im hinteren Teil eines Schiffes
Alguacil: Angestellter einer spanischen Gemeinde, der zur Zeit des Kolumbus das Amt des Gesetzeshüters ausführte
Barkasse: Beiboot, das benutzt wird, um von Segelschiffen an Land zu rudern
Bug: Vorderteil eines Schiffes
Cádiz: Stadt an der Südküste Spaniens
Cipango: alte Bezeichnung für Japan
Ferdinand II. (1452–1516): spanischer König und Ehemann von Königin Isabella
Flaggschiff: Schiff des Admirals, das die anderen Schiffe einer Flotte anführt
Hellebarde: Stoßwaffe mit langem Stiel, an deren Ende sich zusätzlich zur Speerspitze eine Streitaxt befindet
Hola: spanische Begrüßung
Huelva: Stadt in Südspanien in der Nähe von Palos
Isabella (1451–1504): spanische Königin, die Kolumbus' Reisen finanzierte
Jakobsleiter: Stickleiter mit Sprossen aus Holz
Juan Perez de Marchena: Vorsteher des Klosters Santa Maria de la Rabida
Kalfaterer: Arbeiter, die die Planken eines Holzschiffes mit Pech und Teer abdichten
Karacke: dreimastiges Segelschiff, das der Karavelle ähnelt, jedoch größer und schwerfälliger zu manövrieren ist

Karavelle: Segelschifftyp, der ursprünglich von den Portugiesen entwickelt wurde. Da Karavellen keinen großen Tiefgang hatten, eigneten sie sich besonders, um unbekannte Gewässer zu erforschen.

Kolumbus, Christoph (1451–1506): italienischer Seefahrer (siehe Kapitel *Christoph Kolumbus*)

Kreuzgang: überdachter Säulengang, der um einen Klosterhof führt

Marco Polo (1254–1294): italienischer Forschungsreisender, der im 13. Jahrhundert entlang der Seidenstraße über Land bis nach China reiste

Maravédi: spanische Münzen zur Zeit des Kolumbus

Nautische Instrumente: Instrumente, die Seefahrern helfen, sich zu orientieren (z. B. Kompass)

Niña (spanisch: kleines Mädchen): eines der Schiffe, die mit Kolumbus nach Amerika aufbrachen. Vincente Yañez Pinzón stand ihr als Kapitän vor.

Palos de la Frontera: kleine Hafenstadt am Rio Tinto in der spanischen Provinz Huelva. Kolumbus stach von hier am 3. August 1492 in See.

Pinta: eines der Schiffe, die mit Kolumbus nach Amerika segelten. Ihr Kapitän war Martin Alonso Pinzón.

Pinzón, Martin Alonso (1440–1493): spanischer Kaufmann und Seefahrer aus Palos, der die Pläne des Kolumbus von Anfang an unterstützte

Pinzón, Vincente Yañez (1450–1524): spanischer Seefahrer aus Palos und jüngerer Bruder von Martin Alonso Pinzón

Quintero, Christóbal: Eigentümer der Pinta, der als Erster Offizier mit auf die Reise ging

Reling: Geländer um das Deck eines Schiffes

Rio Tinto: Fluss in Südspanien, der in den Atlantischen Ozean mündet

Santa Maria: Flaggschiff des Kolumbus, mit dem er seine erste Reise nach Amerika antrat. Die Santa Maria, eine Karacke, war schwerfälliger als die anderen beiden Schiffe. Am Weihnachtstag 1492 lief sie vor Haiti auf einer Sandbank auf. Das Holz des Wracks wurde dazu benutzt, die erste Siedlung in der neuen Welt zu errichten.

Santa Maria de la Rabida: Kloster in der Nähe von Palos, in dem Kolumbus seine Reise vorbereitete

Señor: spanische Anrede für Männer

Señora: spanische Anrede für Frauen

Señorita: Spanisch für Fräulein

Toscanelli, Paolo (1397–1482): italienischer Kartograf aus Florenz. Seine Weltkarte, auf der Asien jenseits des Atlantiks eingezeichnet war, galt für Kolumbus als Beweis, dass es eine westliche Seeroute nach Indien gab.

verpechen: die Ritzen zwischen den Planken eines Holzschiffes mit Pech und Teer abdichten

Zeittafel

1002: Wikingerschiffe errreichen erstmals den nordamerikanischen Kontinent.

1271–1295: Marco Polo reist auf dem Landweg nach China.

1433: Heinrich der Seefahrer, ein portugiesischer Prinz, gründet eine Schule für Seefahrt und fördert zahlreiche Forschungsreisen entlang der afrikanischen Küste.

Oktober 1451: Christoph Kolumbus wird in Genua, Italien, als Sohn eines Webers geboren.

1453: Die Landroute nach Indien wird durch türkische Stämme abgeschnitten, was die Suche nach einer Seeroute fördert.

1465: Erste Seefahrten, auf denen der junge Kolumbus vermutlich die fertigen Stoffe seines Vaters verkaufte

1476: Das Handelsschiff, mit dem Kolumbus reist, wird von Freibeutern angegriffen, und der junge Mann muss an Land schwimmen. Im selben Jahr zieht er in die portugiesische Hauptstadt Lissabon, wo sein Bruder Bartolomeo als Kartograf arbeitet.

1477–1482: Kolumbus nimmt im Namen der portugiesischen Krone an Seefahrten im Atlantischen Ozean teil, wo er vermutlich von Island im Norden bis zur westafrikanischen Küste im Süden segelt.

1479:	Kolumbus heiratet Felipa Perestrello e Moniz.
1479:	Geburt von Diego Kolumbus
1483:	Felipa Perestrello e Moniz stirbt.
1484:	Kolumbus schlägt dem portugiesischen König Johann II. vor, eine westliche Reiseroute nach Indien zu finden. Der ist aber an dieser Idee nicht interessiert.
1485:	Kolumbus zieht mit seinem Sohn Diego nach Spanien.
1486:	Kolumbus wendet sich erstmals mit seinen Plänen an das spanische Königshaus. Obwohl Königin Isabella Interesse zeigt, steht durch den Krieg gegen die Mauren zunächst kein Geld zur Verfügung, eine derartige Expedition finanziell zu unterstützen.
1487:	Bartolomeu Diaz umrundet erstmals die Südspitze Afrikas.
1488:	Geburt von Fernando Kolumbus, unehelicher Sohn von Kolumbus und seiner Geliebten Beatriz Rodriguez
1491:	Kolumbus kehrt erstmals im Kloster La Rabida ein, wo der Mönch Juan Perez seine Idee unterstützt.
Januar 1492:	Königin Isabella und König Ferdinand erobern Granada, die letzte Bastion der Mauren, und der Krieg ist beendet.
April 1492:	Das spanische Königshaus stimmt zu, die Reise des Kolumbus zu finanzieren.
3. Aug. 1492:	Die Karacke Santa Maria und die beiden

	Karavellen Niña und Pinta stechen von Palos de la Frontera aus in See.
12. Okt. 1492:	Land in Sicht
Dez. 1492:	Die Santa Maria läuft auf der Insel Hispaniola auf Grund, und Kolumbus errichtet dort die erste spanische Siedlung in der Neuen Welt.
15. März 1493:	Rückkehr der Niña und der Pinta nach Palos.
1493–1496:	2. Reise des Kolumbus in die Karibik. Gründung einer Kolonie
1497–1498:	Vasco da Gama segelt um Afrika nach Indien.
1498–1500:	3. Reise in die Karibik. Unzufriedene Siedler setzen Kolumbus als Gouverneur ab. Der neue Gouverneur schickt den Seefahrer und seinen Bruder in Ketten zurück nach Spanien, doch Königin Isabella begnadigt die beiden Männer.
1502:	4. Reise in die Karibik, auf der Kolumbus von seinem Bruder Bartolomeo und seinem Sohn Fernando begleitet wird
1502:	Amerigo Vespucci segelt nach Amerika.
14. Aug. 1502:	Kolumbus betritt zum ersten Mal amerikanisches Festland.
1503:	Kolumbus kehrt krank nach Spanien zurück.
1504:	Königin Isabella stirbt.
20. Mai 1506:	Christoph Kolumbus stirbt in Valladolid, Spanien.
1519–1522:	Ferdinand Magellan segelt um die Welt.

Christoph Kolumbus

Die Suche nach Indien

Schon seit Jahrhunderten wurden Waren mit Kamel-Karawanen über Land von China und Indien nach Europa transportiert. Kostbare Seide, Gewürze, Duftstoffe und andere Luxusgüter aus Asien waren bei den Reichen dort äußerst beliebt. Zwar war es eine lange, mühsame Reise über hohe Gebirgszüge, durch Steppen und Wüsten, doch die mongolischen Stämme, die dort lebten, garantierten den Händlern sicheres Geleit.

Im 14. Jahrhundert sollte sich dies ändern. Die Muslime hatten Kleinasien erobert und Konstantinopel, das heutige Istanbul, eingenommen. Damit wurde der Landweg für die europäischen Händler abgeschnitten. Zwar war es immer noch möglich, Luxusgüter aus dem Osten zu erhandeln, doch durch die hohen Zölle waren sie unerschwinglich. Den Europäern blieb nur eine Möglichkeit: Sie mussten nach einer alternativen Handelsroute suchen.

    Anfang des 15. Jahrhunderts begann Heinrich der

Seefahrer, ein portugiesischer Prinz, deswegen Schiffe die afrikanische Küste entlangzuschicken, fest entschlossen, einen Seeweg nach Asien zu finden.

Ein halbes Jahrhundert später tauchte dann ein Mann auf, der fest davon überzeugt war, eine bessere Idee zu haben. Die Spanier nannten ihn Christóbal Colón, wir kennen ihn als Christoph Kolumbus.

Kolumbus und seine Idee

Christoph Kolumbus wurde 1451 in Genua als Sohn eines Wollwebers geboren. Aus Kindheit und Jugend des jungen Kolumbus ist uns wenig bekannt, außer dass er bereits als Vierzehnjähriger zur See ging. Vermutlich handelte er dabei im Auftrag seines Vaters mit Wolle und Stoffen. Diese Fahrten führten ihn rund ums Mittelmeer und später bis nach England und zur westafrikanischen Küste.

1477 entschloss er sich dann, nach Lissabon, dem damaligen Zentrum der Seefahrt, zu ziehen, wo sein Bruder Bartolomeo bereits als Kartenzeichner lebte. Kolumbus selbst trat als Handelsagent in portugiesische Dienste und heiratete bald darauf die Tochter eines Adeligen.

Zu dieser Zeit begann Kolumbus, Reiseberichte zu lesen und Weltkarten zu studieren. Allmählich entstand in seinem Kopf eine Idee, die ihn nicht mehr losließ. Jeder gebildete Mensch wusste inzwischen, dass die Erde rund war. War es da nicht logisch, dass man, wenn man in westlicher Richtung segelte, letztendlich nach Osten gelangen würde?

Kolumbus hatte bald einen Entschluss gefasst: Er würde den Seeweg nach Indien über den atlantischen Ozean suchen. Da er dazu einen Geldgeber benötigte, wandte er sich an den portugiesischen König Johann. Doch dieser war an dem Angebot nicht interessiert. Er hatte bereits Seefahrer in seinem Dienst, die genau zu diesem Zeitpunkt den Seeweg nach Indien um Afrika herum erforschten. Wozu also unnötig eine Reise über den Atlantik riskieren.

Doch Kolumbus ließ sich nicht so schnell entmutigen. 1484, nach dem Tod seiner Frau, zog er mit seinem Sohn Diego nach Spanien. Er wollte seine Idee dort König Ferdinand und Königin Isabella unterbreiten. Die Königin war sofort begeistert, obwohl ihre Berater dem Vorschlag kritisch gegenüberstanden. Doch auch ihr blieb zunächst nichts anderes übrig, als das Angebot abzulehnen. Das Land stand schon seit mehreren Jahren im Krieg gegen die Mauren, und das

Königspaar hatte sich fest entschlossen, den Süden der spanischen Halbinsel von deren Herrschaft zu befreien. Jeder Maravédi der ohnehin leeren Staatskasse wurde benötigt, diesen Krieg zu finanzieren. Für Entdeckungsreisen blieb da nichts übrig.

Der enttäuschte Kolumbus zog sich in den folgenden Jahren in das Kloster La Rabida zurück, wo er trotzdem weiter seine Reise über den Ozean plante. Hartnäckig sprach er immer wieder bei der Königin vor.

Nach langem Hin und Her erklärte sich Ihre Majestät im Frühjahr 1492 dann bereit, die Expedition zu finanzieren. Grund war, dass es den Spaniern endlich gelungen war, Granada, die letzte Festung der Mauren, zu erobern. Es stand wieder Geld für andere Ausgaben zur Verfügung.

Kurz darauf wurde ein königlicher Befehl erlassen, drei Schiffe mit Mannschaft und Verpflegung auszurüsten. Kolumbus zog gleich zurück in seine Unterkunft im Kloster. La Rabida war der ideale Ort, die Vorbereitungen zu beaufsichtigen, denn der Hafen von Palos, in dem die Schiffe flottgemacht wurden, lag nur ein paar Kilometer entfernt.

Dann endlich, nach mehreren Monaten, war es so weit. Kolumbus' Reise stand nichts mehr im Weg.

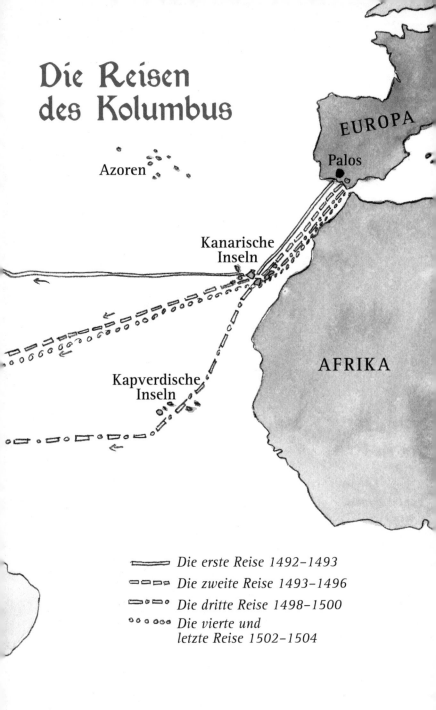

Die Reisen des Kolumbus

Kurz nach Morgengrauen am 3. August 1492 stachen das Flaggschiff Santa Maria, das unter dem Befehl von Christoph Kolumbus stand, und die beiden Karavellen Niña und Pinta, die den Gebrüdern Pinzón unterstanden, von Palos de la Frontera aus in See. Erstes Ziel der kleinen Flotte waren die Kanarischen Inseln, wo sie vor der Atlantiküberquerung nochmals ihre Wasserfässer auffüllen wollten. Danach würden sie in unbekannten Gewässern segeln. Selbst der Admiral wusste nicht, wann sie wieder auf Land stoßen würden.

Dann, nach vielen Wochen, am Freitag, den 12. Oktober um zwei Uhr früh, erklang auf der Pinta ein Kanonenschuss: Einer der Matrosen hatte Land gesichtet.

Kolumbus war fest überzeugt, dass es sich dabei um eine der Inseln handelte, die Asien vorgelagert waren. Zuversichtlich trat er an Land, um es offiziell zum Besitz der spanischen Krone zu erklären. Doch wo waren die goldenen Dächer und die Schätze, von denen Marco Polo berichtet hatte?

Die nächsten Wochen verbrachte der Admiral damit, von Insel zu Insel zu segeln und Männer an Land zu schicken, um nach Gold zu suchen. Allerdings ohne großen Erfolg. Alles, was sie fanden, waren die goldenen Schmuckstücke der Einheimischen, die die Spanier gierig gegen wertlose Glasperlen und Bronzeglöckchen eintauschten.

Zu allem Überfluss lief die Santa Maria an Weihnachten vor Hispaniola auf Grund. Versuche, die Karacke wieder seetüchtig zu machen, scheiterten, und es blieb Kolumbus nichts anderes übrig, als 30 seiner Männer auf der Insel zurückzulassen.

Er selbst segelte auf der Niña zurück nach Spanien, wo er am 15. März 1493 in Palos ankam. Auch die Pinta war inzwischen wieder im Heimathafen angelangt.

Obwohl Kolumbus keine großen Schätze vorzuweisen hatte, wurde er als Held gefeiert. Sein Empfang am Königshof war ein großer Triumph. Die Königin war fasziniert von den gefangenen Ureinwohnern, den Papageien und den exotischen Früchten, die ihr der Admiral mitgebracht hatte. Dass nur wenig Gold dabei war, störte sie zunächst nicht. Verlockender war für sie die Gelegenheit, für Spanien neue Kolonien zu erwerben, und sie stellte dem Admiral dazu gleich eine neue Flotte zur Verfügung.

Am 25. September 1493 brach Kolumbus, diesmal mit 17 Schiffen, zu einer weiteren Reise auf. Er sollte im Auftrag der Krone auf den Inseln spanische Kolonien gründen.

Eine dritte und vierte Entdeckungsreise folgten. Auf der Suche nach dem asiatischen Festland stieß Kolumbus dabei bis zur Orinokomündung in Südamerika und bis zur mittelamerikanischen Küste vor.

Als Kolumbus 1506 in Valladolid, Spanien, starb, war er noch immer davon überzeugt, dass er die Seeroute nach Indien entdeckt hatte.

Renée Holler, Jahrgang 1956, studierte Ethnologie und arbeitete zunächst als Buchherstellerin, bevor sie auf Reisen rund um die Welt ging. Seit 1992 lebt sie mit ihrem Mann und ihren zwei Kindern in England, wo sie schreibt und übersetzt.

Günther Jakobs, geboren 1978, studierte Design und Philosophie und arbeitet seitdem als Kinder- und Jugendbuchillustrator. Wenn er eine Pause braucht, setzt er sich an sein Klavier oder spielt Klarinette. Er macht aber nicht nur Musik, sondern hört sie auch gerne – am liebsten Jazz. Günther Jakobs wohnt und arbeitet in Münster.

Historische Ratekrimis

Geschichte erleben und verstehen!

Ratekrimis mit Aha-Effekt!

- *Wissenswertes aus Technik und Wissenschaft geschickt eingewoben in einen fesselnden Krimi*
- *Viele spannende Rätsel*
- *Zeittafel und weiterführende Sachtexte im Anhang*
- *Mit Anleitungen zu einfachen Experimenten*